KB180112

# 라틴아메리카 생태를 읽다

한국외국어대학교 부엔 비비르 총서 02

# 라틴아메리카 생태를 읽다

신정환, 조구호, 장수환, 박호진, 김윤경, 양은미, 이미정, 장유운, 하상섭 지음

# READING LATIN AMERICAN ECOLOGY

알렙

# 머리말

2019년에 시작된 코로나 팬데믹은 아직도 끝나지 않은 채 계속되고 있다. 이로 인해 인류는 산업혁명 이후 형성되어 온 자본주의 문명에 대해서 그 어느 때보다도 심각하게 의문을 제기하고 있다. 자본의 이윤 추구를 토대로 물질적인 풍요와 행복을 추구해 온 인간의 욕망이 얼마나 무서운 재앙과 파멸을 가져올 수 있는지 코로나 팬데믹은 여실히 보여 주고 있다. 경제적 효율성이라는 허울 좋은 이름으로 인간이 저질러 온 무분별한 착취와 개발이 환경 오염과 생태계 파괴, 기후위기를 초래하고 인류의 생존을 심각하게 위협할 수 있음을 엄중하게 경고한다.

최근 지구온난화로 인한 기후위기가 가속화되고 있다. 기후위기의 심각성을 알리기 위해 2019년 독일에 세계 최초로 세워진 기후위기 시계에 따르면, 인류에게 지구의 지속가능성을 유지하기 위해 노력할 수 있는 시간이 6년 정도밖에 남아 있지 않다. 지구온난화로 지구의 기온이 산업화 이전보다 1.5도 상승하기까지 시간이 얼마 남지 않은 것이다. 지구온난화 1.5도는 기후재앙을 막을 수 있는 마지노선인데, 남은 기간에 기후위기를 해결하는 조치가 취해지지 않으면 지구 생태계의 존속이 어려워질 수 있다.

이처럼, 현재 인류는 절체절명의 위기에 놓여 있으며, 이 위기를 극복하기 위해서는 지금까지 진행되어 온 자본주의적 패러다임의 근본적인 변화가 필요하다. 세계적인 미래학자이자 경제사상가인 제러미 리프킨(Jeremy Rifkin)은 '진보의 시대'에서 '회복력 시대'로 역사의 중심축이 이동해야 한다고 주장하면서, 자본주의의 효율성과 생산성보다는 적응성과 재생성이 중요한 시대적 가치임을 강조한다. 생태계의 파멸을 가져온 인간중심주의를 비판하는 신유물론자들은 물질과 비인간도 인간과 동등하게 행위할 수 있다고 주장한다. 그들은 탈인간중심주의에 기반해 인간과 자연의 관계를 새롭게 규정하고, 인간이 오만함에서 벗어나 자연과 공존하며 조화를 이룰 것을 강조한다. 제시하는 방안은 다르지만, 모두가 지금 이대로의 방식으로는 안 된다는 인식을 공유하고 있다.

이 같은 상황에서 자본주의 문명의 대안으로 제시되는 것이 생태문명이다. 생태문명은 인간과 자연이 동등한 관계를 맺고 서로 공존하며 조화를 이루는 삶을 지향한다. 이 문명은 인간뿐만 아니라 생명체 모두가 주인이라는 탈인간중심주의를 기본 이념으로 삼는다. 인간 사이의 차별뿐만 아니라 인간과 자연 사이의 우열과 경계도 지양하며, 자연도 인간과 동등한 권리를 가진 존재로 인식한다. 인간을 상품화하는 자본주의 문명과는 달리, 생태문명에서는 인간과 자연이 자본주의적 이익을 위한 파괴와 착취의 대상이 아니라 행위와 권리의 주체로 보호받고 존중받는 대상이다.

이와 관련해서 오늘날 가장 주목받는 지역 중 하나가 라틴아메리카다. 특히 안데스 지역의 에콰도르와 볼리비아가 그러한데, 이 두 나라는 생태문명을 위한 법적인 토대를 구축하는 데 앞장서고 있다. 2008년 9월에 에콰도르는 국민투표를 통해 세계 최초로 헌법에 자연의 권리를 인정했고, 볼리비아는 2010년에 '어머니 지구의 권리에 관한 법'을, 2011년에 세계 최초로 '어머니'인 지구의 생존권을 보장하는 법안인 '어머니 지구 권리법(Ley de Derechos de la Madre Tierra)'을 명문화했다.

라틴아메리카가 생태문명으로의 전환을 위한 제도화에 앞장설 수 있었던 데에는 안데스 지역 원주민의 세계관이 중요하게 작용했다. 안데스 원주민의 세계관의 기본 원리 중 하나는 인간이 자연의 일부이기 때문에 자연을 존중하고 자연과 조화를 이루며 살아야 한다는 것이다. 안데스 원주민이 중요하게 생각하는 빠차마마(Pachamama)는 '대지의 여신'을 뜻하는데, '어머니 대지,' '어머니 지구'인 자연을 의미하기도 한다. 여기서 대지는 자연뿐만 아니라 세계, 우주로까지 의미가 확장된다. 말하자면, 빠차마마는 모든 것에게 생명을 부여하는 원천이며, 인간은 자연과 더불어 빠차마마라는 생명 공동체의 일부분을 이루고 있다.

이러한 세계관은 수막 까우사이(Sumak Kawsay)라는 삶의 방식으로 구체화된다. 께추아어로 수막(Sumak)은 '충만한', '숭고한', '아름다운'이라는 뜻을, 까우사이(Kawsay)는 '삶', '존재' 등의 뜻을 담고 있다. 수막 까우사이는 스페인어로 'Buen Vivir'라고 번역하는데, 우리말로는 '좋은 삶', '잘살기', '참살이' 등을 뜻한다. 다시 말해, 수막 까우사이는 인간이 자연과 동등한 관계를 맺어 조화와 균형을 이루며 사는 것을 의미한다.

이처럼 라틴아메리카가 세계인의 주목을 받고 있는 상황에서, 한국외국어대학교 중남미연구소 HK+사업단은 2019년부터 한국연구재단의 지원을 받아 '21세기 문명 전환의 플랫폼, 라틴아메리카: 산업문명에서 생태문명으로'라는 아젠다로 연구 프로젝트를 수행하고 있다. 본 사업단은 라틴아메리카뿐만 아니라 세계 곳곳에서 생태문명으로 패러다임을 전환하기 위해 투여하는 다양한 노력뿐만 아니라 라틴아메리카 사람들이 추구하는 대안적 세계관과 삶의 방식에 관해 연구하고 있다. 본 사업단은 이와 관련된 연구 결과물을 대중과 공유하기 위해 '생태문명 총서'와 '부엔 비비르 총서'를 기획해 출판하고 있다.

이 책은 지난 4년 동안 HK+사업단이 수행한 연구를 바탕으로 라틴아메리카의 생태에 관해 작성한 글들 중에 일부를 모아 엮은 것이다. 생태 문제에 대한 비판적 접근을 통해 인류의 제반 문제에 대한 근본적인 성찰과 인식의 대전환을 모색하는 인문학적인 글부터 코로나19가 브라질 상파울루 시 대기오염에 미친 영향을 다룬 자연과학적인 글까지 다양한 분과 학문의 글을 포함하고 있다. 메소아메리카의 친생태적 농업 방식인 치남빠스(Chinampas), 안데스 원주민의 자연관을 나타내는 빠차마마, 생태적 시민성 회복의 일환으로서 브라질 원주민 언어의 복원, 콜롬비아 출신 작가 호세 에우스따시오 리베라(José Eustasio Rivera)의 『소용돌이(*La vorágine*)』에서 다룬 아마존에서의 인간의 삶 등에 관한 글들은 라틴아메리카 사람들이 시공을 초월해서 추구해 온 다양한 생태적 삶의 방식을 엿볼 수 있게 해준다. 반면에, 브라질의 인프라 개발과 국토 통합, 라틴아메리카의 '기후 회복력' 현황과 기후 연계 공공정책, 멕시코의 마야철도 건설을 다룬 글들은 논의의 대상과 초점이 조금씩 다르지만 라틴아메리카에서 벌어지고 있는 인프라 개발 사업들이 생태계 파괴에 미치는 영향을 다루면서 대안을 모색하고 있다.

　이 책은 국내 최초로 라틴아메리카의 생태에 관해 종합적인 분석을 시도했다는 점에서 의미가 크다. 따라서 라틴아메리카에 관심이 있는 독자들에게 '생태'라는 키워드로 라틴아메리카를 새롭게 이해할 기회를 제공할 것이다. 또한 기후위기를 극복하기 위한 대안으로서 생태문명 건설에 관심이 있는 독자들에게도 시사하는 바가 클 것이다. 우리 사회에서도 '기후위기'가 검색어 순위 1위를 차지할 정도로 기후위기의 심각성에 대한 인식이 높아지고 있다. 하지만 라틴아메리카에서 활발하게 논의되고 있는 자연의 권리나 생태시민성 같은 개념에 관해서는 사람들이 아직 익숙하지 않다. 이 책은 이러한 개념들을 소개하고 있으며, 생태문명에 대해서 라틴아메리카 사람들이 가지고 있는 다양한 인식과 경험을 흥미롭게 분석하고 있다. 그러므로 기후위기를 극복하고 생태문명으로 나가기 위한 전 지구적 연대에 이 책이 조금이나마 도움이 되리라 생각한다.

김윤경

# 차 례

머리말 • 5


**제1부** **라틴아메리카의 자연관과 생태비평**

**제1장** 생태비평의 정신과 몇 가지 주제들 _신정환 • 14

**제2장** 『소용돌이』에서 아마존 밀림과 인간의 삶을 읽는다 _조구호 • 37

**제3장** 아스떼까 문명, 호수를 이용한 치남빠스 농사 이야기 _장수환 • 62

**제4장** 빠차마마 이야기 _박호진 • 85


**제2부** **라틴아메리카의 원주민과 국토 이야기**

**제5장** 개발과 원주민 공동체: 멕시코의 마야철도 건설을 중심으로
_김윤경 • 106

**제6장** 브라질 원주민 문제의 현재화와 생태시민성:
까바나젱과 넹가뚜어의 의미 복원 _양은미 • 132

**제7장** 브라질 인프라 개발과 국토 통합의 함의:
지속가능한 발전을 위한 범위 _이미정 • 155

**제3부**　　**기후위기 시대의 오염과 회복 이야기**

**제8장**　상파울루 시에서 코로나19에 따른 대기오염물질 변화 _장유운　·　180

**제9장**　라틴아메리카 '기후 회복력' 현황과 기후 연계 공공정책 _하상섭　·　197


참고문헌　·　218

필자 소개　·　236

# 1부
# 라틴아메리카의
# 자연관과 생태비평

# 제 1 장

# 생태비평의 정신과
# 몇 가지 주제들

신정환

# 1 들어가는 말

문학과 생태환경 사이의 관계를 연구하는 생태비평은 1990년대부터 본격화된 분야로서 인문학, 사회과학, 그리고 자연과학이 융합된 전형적인 학제간 연구의 사례를 보여 준다. 학제간 융합은 생태비평의 방법론인 동시에 본질적 정신이기도 하다. 그 정신을 다른 말로 한다면 세계에 대한 전일적 시각(holistic point of view)의 회복이라 할 수 있다. 이는 근대 이후 전문화와 분업화를 특징으로 하는 분석적 사고로부터 탈피하는 거대한 축의 변환을 의미한다. 즉 환원에서 종합으로, 분기에서 합일로, 그리고 분리에서 통합으로의 변환이다. 이 글에서는 생태비평의 근본 정신을 '분리에서 통합으로', 생태학과 시의 관계를 '부분과 전체', 생태학과 동양 사상의 관계를 '작위와 무위', 생태학과 페미니즘의 관계를 '자연과 여성', 그리고 생태학과 국제 정치의 관계를 '자연과 정의'라는 제목으로 각각 논의해 보겠다.

## 2 분리에서 통합으로

20세기 최고 작가로 꼽히는 아르헨티나의 호르헤 루이스 보르헤스는 서양 문학의 중요한 시를 통째 암송할 정도로 기억력이 뛰어났다. 그의 주요한 단편소설 가운데 하나인 「기억의 천재 푸네스」에는 작가와 비슷하게 기억력이 뛰어난 주인공 푸네스가 등장한다. 푸네스는 시골의 평범한 농부인데 말을 타다가 떨어지는 사고를 당한다. 그런데 그 여파로 그는 믿을 수 없을 정도의 뛰어난 기억력을 소유하게 된다. 그는 눈앞에 벌어지는 모든 일과 지식을 여과 없이 기억 창고에 보관한다. 그 결과 그는 어떤 개가 지나가는 것을 보고 1분 후에 다시 그 개를 보았을 때 그것이 같은 개임을 알지 못하는 지경이 된다. 24시간 동안의 일을 기억하기 위해 24시간이 걸리는 완벽한 초능력자가 된 것이다(Borges, 1994: 173-189).

푸네스의 문제는 무엇일까? 작품에 나와 있듯이 그에게는 즉각적으로 인지되는 세부 사실들만 있을 뿐 그것들을 전체적 연관하에 이해하는 능력이 결여되었다. 이는 신과 인간이 가진 인식 능력의 차이를 보여 준다. 축적된 지식과 정보를 일반화하고 추상화하는 작업을 사고 능력이라고 할 때 완전한 사고 능력은 신만 독점하고 있다는 점을 보르헤스는 암시한다. 인간에게는 우연으로 비치는 사건들이 신의 관점에서 볼 때는 완벽한 인과관계에 의해 설명된다는 것이다. 여기서 우리는 세계에 대한 인식 불가능성을 짐작할 수 있다.

따라서 푸네스는 사실 초능력자가 아니라 그 반대다. 그는 불완전한 인간의 존재론적 한계를 보여 주는 동시에 기능화된 근대인을 비유한다. 즉 근대 이후 전문화의 바람 속에 세계에 대한 통합적 시각을 잃어버린 인간의 모습이다. 실제로 모든 것을 쪼개고 나눠 보는 인간의 버릇은 근대와 더불어 본격적으로 생겨난 것이다. 근대의 표징 가운데 하나가 흔히 '전문화'라는 이름으로 모든 것을 분류하는 버릇이었다면 탈근대의 표징은 그것들을 다시 합치고 가로지르는 데에서 발견할 수 있을 것이다. 현재 거세게 불고 있는 통합의 바람은 근대 이후 미분화되어 버린 학문의 수형도(樹型圖)가 해체되고 다시 종합(synthesis)의 시대를 맞고 있음을 보여 준다.

분업화와 전문성을 내세운 근대 학문 체계가 위기를 맞이한 것은 어떤 이유일까? 그것은 미분화되고 파편화된 학문 체계가 세계에 대한 인식을 왜곡해 버리는 아이러니를 낳았기 때문이다. 따라서 학문들의 물리적 누적이라 할 수 있는 학제간(interdisciplinary) 연구를 뛰어넘어, 생태학자 최재천의 주장대로, 학문의 경계를 넘나들며 일관된 이론의 실로 모두를 꿰는 범학문적(transdisciplinary) 접근이 시급한 실정이다(최재천, 2005: 21). 이것이야말로 전일적인 관점으로 세계와 인간을 온전히 이해하게 하는 기반이 될 것이다.

에드워드 윌슨(Edward Wilson)이 말했듯이, 우리는 이제 생물학, 사회과학, 그리고 인문학 간의 경계 지점에서 만나 통섭(consilience)을 시험해 보는 위대한 종합의 새 시대로 접어들고 있다. 지식의 통섭이 작동한다면 모든 개별 학문의 통합 과정을 거쳐 자연과학과 인문학이 21세기 학문의 거대한 두 흐름이 될 것이고, 이마저도 궁극적으로는 융합될 것으로 보인다(Wilson, 2005: 44-45). 이런 경향은 문과와 이과를 나누지 않고 통합 선발하는 일부 한국 대학의 입학 정책에도 이미 반영되고 있다.

인간의 지력으로 세상사의 비밀스러운 인과율을 알아내는 것은, 근대성의 한계이기에 앞서 인간 속성 자체의 한계다. 보르헤스가 작품을 통해 일관되게 암시하고 있듯이, 분류하는 것은 인간의 몫이고 종합하는 것은 조물주의 권한이기 때문이다. 그럼에도 불구하고 학문의 경계를 넘나들면서 사유의 인과론적 구슬을 꿰는 것은 근대 이후 축소되어 온 인간의 인식 능력을 확장해 세계에 대한 전일적 시각을 회복시킨다는 점에서 멈출 수 없는 시도이다.

세계에 대한 전일적 인식과 더불어 빼놓을 수 없는 탈근대의 화두가 타자성(他者性)의 회복이다. 근대가 분류한 최초의 대립항은 '나와 너'였으며 '나'가 아닌 타자는 인식의 주변부로 유배된 후 편견과 억압의 대상이 되었다. 해방철학자 엔리께 두셀(Enrique Dussel)에 따르면, 콜럼버스에 의해 '발견(discover)'된 대륙이 신대륙이라는 사실이 알려지는 1502년, 변방 중의 하나였던 유럽이 '중심'으로 탈바꿈하고 다른 모든 문화가 '주변부'로 전락하는 근대성이 탄생한다(Dussel, 2011: 42). 이후 '타자'로 설정된 아메리카의 '은폐' 공작이 시작된다. '덮은 것이 벗겨진(des-cubierto)', 즉 발견된 투박한 덩어리 아메리카 대륙이 타자로서 '안에 넣고 덮은(en-cubierto)', 즉 은폐되기 시작한 것이다(Dussel, 2011: 48-49). 그러나 20세기 후반 포스트모더니즘을 계기로 주변부로 폄하되었던 가치들이 새로운 의미를 가지고 모습을 드러낸다. 고급 문화와 대중 문화, 남성과 여성, 제1세계와 제3세계, 인간과 자연 등의 기존 관계가 해체되기 시작한 것이다. 이는 대(大)주체에 맞선 소(小)주체들의 부활이요, 기원과 중심의 신화에서 해방된 인간성과 자연성의 회복이다.

생태비평이란 생태중심적 사고를 바탕으로 문학과 환경의 관계를 연구함으로써 생태 문제를 반성하고 새로운 시각을 제시하는 데에 목적이 있다. 여기서 '환경'이란 소위 환경학에서 말하는 지구온난화, 기후위기, 생물다양성 등의 분야는 물론이고 우리가 삶의 터전으로 삼고 있는 세계의 건강성을 총체적으로 지칭하는 말이 될 것이다. 그리고 이 건강성은 크게 보아 지구의 지속가능성을 위한 것이라는 점에서, '생태'라는 말이 인간중심적 가치를 담고 있는 '환경'을 대체하게 된다. 따라서 올바른 생태비평은 종래의 미분화된 학제 안에서는 불가능하며, 문학과 환경학뿐 아니라 사회학, 생물학, 물리학, 정치학, 경제학, 역사학, 철학 등 다양한 분야에 대한 이해가 수반되어야 한다. 또한 동식물뿐만 아니라 사물에 이르기까지 그동안 타자 혹은 주변부로 치부되었던 모든 대상에 대한 통합적 관점이 전제되어야 한다.

중남미는 그 어떤 지역보다도 더 생태비평적 관점에서 주목의 대상이 되는 곳이라 할 수 있다. 엔리께 두셀의 말대로 이 대륙은 근대성이 시작되는 촉매 역할을 했고, 이후 유럽인들에 의해 철저히 대상화되었으며 물리적으로나 정신적으로나 그 뿌리 뽑힘의 감정은 사실상 오늘날까지도 지속되고 있기 때문이다. 특히 중남미는 전 세계 생물다양성의 60%를 차지하고 있으며 안데스 지하자원, 아마존 삼림 자원, 남극 해양 자원 등 상징적인 생태계 문제들이 집적된 곳이다. 더 나아가 생태철학을 비롯한 탈근대 담론이 활발히 논의되는 대륙이다. 라틴아메리카를 주목해야 하는 이유가 여기 있다.

## 3 부분과 전체[1]

2010년 4월 20일 멕시코만의 브리티시 페트롤리엄(BP) 석유 시추 시설이 폭발해 490만 배럴(약 8억 리터)의 원유가 유출되는 사고가 발생했다. 대한민국이 이틀 동안 사용할 수 있는 많은 양의 원유가 대한민국보다 넓은 면적의 바다를 오염시켰다. 특히 엄청난 개체 수의 동식물 등 해양 생태계를 파괴하며, 사상 최악의 환경 재앙으로 꼽힌다. 문제는 이런 재앙이 그 전후로도 반복적으로 발생한다는 점이다. 2007년 12월 우리나라에서 약 8만 배럴의 원유가 유출된 태안 기름 유출 사고도 빼놓을 수 없다. 원유 유출뿐만 아니라 플라스틱을 비롯한 각종 폐기물 투기, 무분별한 개발로 인한 동식물 남획과 서식지 파괴 등은 심각한 수준에 이르러, 이제 세계적 생태계 훼손은 돌이킬 수 없는 지경에 이르렀다.

최근의 생태계 조사에 따르면 지구상의 토지 중 97.1%는 생태학적으로 더 이상 온전하지 않으며 그 가운데 68%가 사람에 의해 훼손된 것이라고 한다(《사이언스타임즈》, 2021.4.21). 특히 기후변화는 생태계를 파괴하는 대표적 인재라고 할 수 있다. 이에 미국의 시사주간지 《타임(*TIME*)》은 2009년 4월 특별호에서 기후변화가 지구의 여섯 번째 멸종을 초래하고 있다고 경고한다(*TIME*, 2009.4.13). 2020년 확산해 전 세계를 마비시킨 코로나19 팬데믹 역시 인간에 의한 생태계 파괴의 결과라고 할 수 있다. 제러미 리프킨(Jeremy Rifkin)은 팬데믹 이후 저술한 『회복력 시대』에서 지구

---

1) 생태학과 시의 관계에 대해서는 다음 졸고를 참고해 수정·보완했다. 「한 송이 들꽃에서 천국을 보다: 생태학자와 시인」, 정경원 외, 『라틴아메리카 환경이슈와 국제협력』, 한국외국어대학교출판부 지식출판원, 2015, 315-319쪽.

상에서 가장 어린 포유류인 인간이 자연의 약탈자가 되었다가 이제 분노한 자연에게 쫓기는 신세가 되었다고 한탄한다(Rifkin, 2022: 9).

만물의 영장이라 자처하는 인간이 지구의 주인 노릇을 하기 시작한 것은 따지고 보면 실로 최근의 일이다. 천체물리학자 칼 세이건(Carl Sagan)에 의해 널리 알려진 우주력(Cosmic Calendar)에 따르면, 1월 1일 자정 빅뱅에 의해 우주가 탄생한 이래 지구가 생겨난 것은 9월 14일, 첫 인류가 나타난 것은 12월 31일 밤 10시 30분, 그리고 17세기 과학혁명과 함께 본격적으로 시작된 근대가 지속된 시간은 불과 최근 1초에도 못 미친다. 이 짧은 시간에 인간은 마치 점령군처럼 자연의 파괴를 주도해 왔다. 근대 이후 인간이 주도하는 문명화란 '미성숙으로부터 탈출'(칸트)하고 '주술로부터 해방'(막스 베버)되는 계몽이었다. 그러나 아도르노와 호르크하이머가 『계몽의 변증법』에서 말한 것처럼, 미신을 정복한 오성이 '탈마법화된 자연' 위에 군림하게 됐지만 이것이 초래한 것은 인간의 노예화와 자연의 파괴였다(Adorno & Horkheimer, 2001: 22).

성장의 폭주 기관차를 탄 인류는 생태계 파괴로 인해 이제 돌이킬 수 없는 파국으로 치닫고 있다. 2022년 11월 6일, 유엔기후변화협약 총회(COP27) 연설에서 안토니우 구테흐스 유엔 사무총장은 온실가스 증가로 인해 "인류는 기후 지옥행 고속도로에서 가속 페달을 밟고 있다"고 경고한다. 그렇다면 인류의 생존을 위해 요구되는 근본적인 사고의 전환은 무엇일까? 그것은 세계 모든 존재가 촘촘히 짜인 그물처럼 상호 영향을 주고받는 인과관계를 맺고 있다는 것, 그리고 그 안에서 인간은 주인이 아니라 다른 생명체와 마찬가지로 지구상에 잠시 머무르는 손님에 지나지 않는다는 인식이다. 그럼에도 불구하고, 산업혁명 이래 과학기술에 힘입어 환경을 적대시하고 통제할 수 있다는 인식이 지속되는 한 자연의 파괴를 넘어 인간 스스로의 파괴를 야기할 뿐이다. 그레고리 베이트슨(Gregory Bateson)의 말대로, 자신의 환경과 싸워서 승리하는 피조물은 자신을 파괴한다는 역설에 직면하는 것이다(Bateson, 2006: 739). 우리는 여기서 인간중심주의를 벗어나는 길만이 인간을 구원할 수 있다는 또 다른 역설을 본다. 이러한 탈인간중심주의적 인식이야말로 베이트슨이 말하는 생태학적 인식론이며 '마음의 생태학'으로서 생태비평의 핵심 정신이라 할 수 있다.

잘 알려져 있듯이, 생태학(ecology)라는 용어는 1866년 독일의 에른스트 헤켈(Ernst Haeckel)이 처음으로 사용했다. 유기체가 그것을 둘러싼 외부 세계와 맺고 있는 관계를 연구하는 학문을 생태학이라 정의한 이 동물학자는, 생태계가 동식물을 막론하고 개체와 전체가 유기적으로 연결된 하나의 생명체라고 보았다. 생태학을 "자연이라는 가족을 연구하는 학문"이라 정의하기도 한 헤켈은 아무리 작은 자연 현상이라도 하느님이 역사하신 결과이므로 깊은 존경을 표해야 한다고 말한다. 그러나 종교적 색채를 띠는 헤켈의 유기체적 세계관은 자체 모순점으로 인해 초보적 단계에 머물렀다고 할 수 있다. 인간에게 땅을 정복하고 모든 생물을 다스리는 권리를 부여한 그리스도교의 인간중심주의야말로 오늘날 생태계 파괴를 야기한 주범이라고 비판당하고 있기 때문이다.

헤켈의 생태학적 사고는 20세기에 들어서 인문사회과학, 특히 문학과 만나면서 보다 깊이 전개된다. 생태학과 문학의 만남은 미국의 초창기 생태비평가 조셉 미커(Joseph Meeker) 덕분이라 할 수 있다. 그는 『생존의 희극(The Comedy of Survival)』(1974)에서 문학생태학(literary ecology)이라는 용어를 처음 쓰면서, 조화로운 유기체적 세계관에 기반을 둔 생태비평 이념을 만들었다. 미커는 희극과 비극 장르를 새롭게 정의하는데, 희극이란 인간이 자연과 조화를 이루며 생존력을 증진하는 행위를, 비극이란 인간이 자연을 착취하면서 그로부터 소외당하는 행위를 말한다. 철학자 김영민의 용어로 설명하자면, 인간의 문화(文化)가 자연을 훼손하는 문화(文禍)가 아니라 함께 어울리는 문화(紋和)가 될 때 '생존의 희극'이 구현되는 것이다(김영민, 1998: 4). 미커에 따르면 환경 위기는 인간과 자연을 분리하고 전자가 후자보다 도덕적 우위에 있다고 간주했던 서양 전통에서 비롯된다.[2] 토마스 베리(Thomas Berry)는 이 전통을 정치적, 경제적, 지적, 종교적 체제에 해당하는 정부, 기업, 대학, 종교라는 네 개의 체제로 구체화한다. 베리는 이들이 모두 인간과 인간 아닌 존재를 분리하고 다른 존재는 철저히 착취의 대상으로 삼아 왔다고 인간중심주의를 비판한다(Berry, 1990: 18-19).

여기서 우리는 생태학과 시의 정신이 근본적으로 일치한다는 점을 알 수 있다. 모든 시인들, 특히 낭만주의 이후 근대 시인들은 시를 통해 삼라만상의 사랑과 유대를 그려 왔다. 이 세계는 주객의 이분법이 아니라 내 몸이 소우주라고 간주하는 아날로지 원리에 기반을 두고 있다. 멕시코 시인 옥타비오 파스(Octavio Paz)의 정의에 의하면 아날로지는 "상호 교감 체계로서의 우주관과 우주의 분신으로서의 언어관"(Paz, 2009: 35)을 뜻하

---

2) 일부 이론가들은 인간과 자연의 분리가 수렵에서 목축 및 농경 생활로 전이되는 2만 년 전의 일이라고 주장하고 다른 이들은 18세기 계몽주의 산물이라 주장한다. 종래의 유기체적 우주관이 기계적 우주관으로 전환하면서 자연은 인간의 이익에 봉사하는 수단으로 전락했다는 것이다.

는 것으로서, 낭만주의 이래 현대 시의 중심 전통이 되어 왔다. 따라서 새로운 시대의 윤리 역시 아날로지에 기반을 둔 '형제애(fraternity)'로 바뀌게 된다. 파스는 프랑스 대혁명의 핵심 개념인 자유, 평등, 형제애 가운데 자유와 평등에 각각 기반을 두는 자유주의와 사회주의 사이의 갈등이 형제애에 의해 해소될 수 있다고 본다(Paz, 2009: 129). 그것은 우주 영성 시대에 아날로지 원리에 의해 사물들이 주고받는 매혹의 시선이며 소통의 언어다. 낭만주의 시인 윌리엄 블레이크가 한 알의 모래에서 세상을 보고 한 송이 들꽃에서 천국을 보았듯이, 시인의 마음은 유기체로서의 자연에 다가가는 생태학자의 마음과 다름이 없는 것이다.

## 4 작위와 무위

2010년에 개봉한 영화 〈인셉션〉은 〈매트릭스〉와 마찬가지로 인위적인 꿈 혹은 관념 속에서 전개되는 가상 세계가 실제 현실에 개입하는 존재론적 전복을 다룬다. 다만 〈매트릭스〉가 2차 방정식이라면 〈인셉션〉은 4차 방정식 이상 무한대로 펼쳐지는 가상 세계를 다룬다. 인간의 무한한 상상력을 받쳐 주는 첨단 기술 덕분에 관객들은 영화 안의 현란한 가상 세계에 매혹되곤 하지만 사실 이런 이야기는 동서양을 막론하고 새로운 것이 아니다. 그리고 우리는 이를 통해 생태학과 관련된 동서양의 세계관을 비교해 볼 수 있다. 동양에서 가장 잘 알려진 꿈 이야기라면 『장자(莊子)』의 「나비의 꿈(胡蝶夢)」을 들 수 있다. 〈인셉션〉의 상연 시간은 2시간 반에 달하지만, 이 동양의 꿈 이야기는 읽는 데에 20초도 걸리지 않는다.

전에 장주가 꿈에 나비가 되었는데, 기분 좋게 날아다니는 나비였다. 스스로 즐겁게 마음에 맞아, (자신이) 장주임을 알지 못하였다. 갑자기 잠을 깨니 분명한 장주였다. 장주가 꿈에 나비가 되었었는지, 나비가 꿈에 장주가 되어 있는지 알 수가 없었다. 장주와 나비는 반드시 구분이 있다. 이것을 일러 '만물의 변화(物化)라고 한다.(『장자』, 「제물론」)

지구상의 모든 존재가 인연으로 얽혀 영향을 주고받는다는 유기체적 세계관, 그리고 이 생명의 네트워크 안에서 인간은 다른 생물체에 비해 특별하지 않은 구성원에 지나지 않는다는 반(反)인간중심주의는 생태학의 토대를 이루는 근본 이념이다. 따라서 생태학은 유교, 불교, 노장 사상을 막론하고 '생명주의'를 그 근본으로 깔고 있는 동양 사상과 자연스럽게 조우한다. 더 나아가 일부 학자들은 서구의 인간중심주의가 초래한 생태계 위기에 대한 해법이 노자와 장자 등 동양의 철인들이 이미 제시해 놓았기에 그 길을 따르기만 하면 된다고 공언한다. 「나비의 꿈」은 그 사상의 단면을 제공한다.

장주는 나비가 되는 꿈을 꾸었다. 그러다가 깨어 보니 꿈이었다. 곰곰 생각해 보니 그는 자기가 나비 꿈을 꾸었던 것인지, 아니면 원래 나비인 자기가 지금 사람이 된 꿈을 꾸는 것인지 자신 있게 말할 수 없었다. 이를 통해 장주는 실재한다고 믿는 세계가 유일하고 확고한 것이 아니라 의심스럽고 허망한 것임을, 더 나아가 온 우주가 나비의 한바탕 꿈일 수도 있다는 생각을 한다. 이 꿈은 흔히 세계의 비현실성, 즉 삶이 곧 꿈이라는 바로크적 세계관을 암시하는 작품으로 인용되곤 한다. 그러나 진정한 노장(老莊) 정신을 감안할 때, 이 꿈은 세계 모든 것을 차별 없이 긍정하는 무분별(無分別)의 차원을 보여 준다는 데에 더 큰 의미를 두어야 할 것 같다.

「나비의 꿈」과는 달리 유분별(有分別)의 차원을 보여 주는 꿈 이야기로 보르헤스가 쓴 「원형의 폐허들」을 들 수 있다. 이 단편소설에서 마법사는 꿈을 통해 자신의 분신인 아들과 새로운 세계를 창조한다. 그러나 결국은 자신 역시 더 높은 상위의 존재가 꾸었던 꿈에 의해 생겨난 환영(幻影)에 불과함을 깨닫게 된다. 여기서 작가는 실재한다고 믿고 있는 세계가 관념의 소산일 뿐이라는 것을 말한다. 의미심장하게도 보르헤스는 작품 서두에 루이스 캐럴의 『거울 나라의 앨리스(Through the Looking-Glass and What Alice found there)』에 나오는 문장을 인용한다. "그리고 그가 너에 대해 꿈꾸기를 그만두었다면……"(Borges, 1994: 67). 〈인셉션〉보다 더 복잡한 구조를 가진 캐럴의 작품에서 만일 그(붉은 왕)가 꿈꾸기를 멈춘다면 '너(앨리스)'는 당연히 사라지고 말 것이다. 마법사의 꿈과 마찬가지로 '이상한 나라의 앨리스'는 앨리스의 꿈이고, '거울 나라의 앨리스'에서도 앨리스는 붉은 왕을 바라보는 꿈을 꾸고 그는 앨리스를 꿈꾸고 있으며 또 그 앨리스는 붉은 왕의 꿈을 꾸고 있기 때문이다. 꿈속의 세계는 실재하지 않고 주체의 투사물일 뿐이다.

보르헤스와 캐럴의 꿈은 장자의 꿈과 대조되는 서구의 가치관을 잘 보여 준다. 이 작품들에서 꿈속 세계는 꿈꾸는 세계보다 열등한 하위 층위로 나타난다. 보르헤스는 "유일하게 존재할 수 있는 것은 꿈꾸는 사람입니다"라고 말하며 주객의 이분법적 대립 아래 주체성에 대한 강한 확신을 보여 준다. 이는 근대 시민사회 주체로서의 '나'를 실체화하는 데에 주력한 시대 상황에서 나왔으며 근본적으로는 서양 철학의 흐름에서 벗어나지 않은 것으로 봐야 할 것이다.

반면 동양 철학 전통은 주체와 객체, 실체와 외양을 구분하지 않는다. 나비의 꿈에서 꿈꾸는 세계와 꿈꾸어진 세계는 우열 관계가 아니라 인과 관계 없이 변화된 물화(物化)의 세계다. 인간인 장주는 나비와 구별되지 않는 자연의 구성원으로서 같으면서 다르고 다르면서도 같은 존재다. 그렇다면 과연 꿈꾸는 것은 누구인가? 보르헤스에게 유일한 존재는 꿈꾸는 사람임에 반해, 장자가 보기에는 장주와 나비 모두 꿈꾸는 주체다. 이는 자연과 인간이 하나 되는 천인무간(天人無間)의 동양적 일원론의 세계다. 이 세계에서 인간의 일은 천지자연의 이치에 순응하는 것인데 여기서 무위(無爲)의 개념이 나온다. 자연에 순응하며 작위(作爲)를 하지 않는 무심무위(無心無爲)의 윤리학이야말로 현대 생태학의 본질이라 할 수 있다.

인간의 완성과 구원이 창조자를 전제로 하는 서양적 믿음과는 달리 노장 사상에서 우리는 구원이라는 개념을 발견할 수 없다. 눈앞에 보이는 세계 너머의 초월 세계란 존재하지 않으며 인간의 완성은 도를 깨닫고 자연과 합일하면서 이루어지기 때문이다. 이는 감각과 사고를 버리고 대통(大通)에 의해 '도'와 일치하는 상태이다. 역설적으로 이 지점에서 인간은 모든 틀을 초월하는 무방인(無方人), 즉 내외(內外)의 구분을 해소해 버린 존재가 된다. 이것이 장자가 말하는 기인(畸人)의 개념이다. 자연과 같아지려고 하는 기인의 주제는 초월자에의 복속이 아니라 자유이다.[3] 즉 자유는 인간이 인간중심주의에서 벗어날 때만 얻을 수 있다. 따라서 이 자유야말로 생태학이 지향하는 궁극 목적이 될 것이다.

---

3) 보르헤스와 장자의 비교 연구는 다음 졸고를 참고해 수정·보완했다. 「보르헤스와 장자의 형이상학적 환상문학 연구: 「원형의 폐허」와 「호접몽(胡蝶夢)」을 중심으로」, 『서어서문연구』 제17호, 2000, 655-672쪽.

인간중심주의를 탈피해 생명주의를 바탕에 깔고 있는 동양 사상, 특히 불교와 노장 사상은 생태학의 정신을 제공할 뿐만 아니라 문학적 영감을 준다. 미국의 A. R. 에몬즈(A. R. Ammons), W. S. 머윈(W. S. Merwin), 게리 스나이더(Gary Snyder), 웬델 베리(Wendell Berry) 등은 동양 철학을 깊이 이해하고 활동한 생태문학 작가들이다. 예를 들어, 퓰리처상과 아메리카 북 어워드 수상자인 게리 스나이더는 실제 삶에서 중국 불교와 일본 선불교를 수행하는 시인이자 환경운동가다. '심층 생태학의 계관 시인'이라고도 불리는 스나이더는 "함께 머물고/ 꽃을 배우며/ 가벼이 떠나라"고 가르친다(《한겨레》, 2021.3.27). 이밖에도, 생태불교, 생태도교 등 동양 사상과 생태학이 결합한 새로운 운동들이 등장하면서 새로운 형태의 동도서기(東道西器)를 보여 주고 있는 것 역시 주목할 만하다.

## 5 자연과 여성

성경의 「창세기」는 이렇게 말한다. "주 하느님께서는 사람 위로 깊은 잠이 쏟아지게 하시어 그를 잠들게 하신 다음, 그의 갈빗대 하나를 빼내시고 그 자리를 살로 메우셨다. 주 하느님께서 사람에게서 빼내신 갈빗대로 여자를 지으시고, 그를 사람에게 데려오시자, 사람이 이렇게 부르짖었다. '이야말로 내 뼈에서 나온 뼈요, 내 살에서 나온 살이로구나! 남자에게서 나왔으니 여자라 불리리라'"(「창세기」 2:21-23). 한편 플라톤의 우주론을 담은 『티마이오스』에서는 이렇게 말한다. "우리를 구성한 이들은 언젠가는 남자들에서 여자들이 그리고 다른 동물들이 생길 것이라는 것을 알았다."(『티마이오스』, 76 d-e).

흔히 서양 문명의 두 기둥이라 말하는 헤브라이즘과 헬레니즘의 경전과 같은 글을 통해 우리는 문명의 첫 단추부터 남녀 문제를 잘못 끼웠다는 점을 알 수 있다. 여자는 남자로부터 비롯된 종속적이고 열등한 존재다. 또한 여자는 존재론적으로 남자와 동물 사이의 가치를 가진다. 즉 여자는 남자보다 더 자연에 가까운 존재로서 정복하고 길들여야 한다. 이렇게 왜곡된 사고는 사회 제도나 우리의 일상적 사고에 깊이 배어 있다. 자연을 의인화한 '처녀림', '불모의 땅', 그리고 여성을 자연화한 '여성 정복', '씨 뿌리는 밭' 등의 표현은 무수한 사례 가운데 일부일 뿐이다. 이렇듯 자연과 여성은 이미 오래전부터 은연중에 동일시되며 주변부 가치로 대상화되어 왔다. 에코페미니즘(ecofeminism) 이론가들은 이를 '쌍둥이 억압(twin dominations)'이라 부른다.

에코페미니즘은 생태학과 페미니즘을 모두 아우르는 대안으로 등장한다. 그것은 자연과 여성 해방이 별개가 아니라 불가분의 관계를 가진다고 주장한다. 따라서 생태학과 페미니즘이 소기의 목적을 달성하려면 여성 억압과 생태계 파괴 문화를 함께 극복하는 노력이 있어야 한다. '에코페미니즘'은 프랑수아즈 드본(Françoise d'Eaubonne)이 쓴 「페미니즘이냐 죽음이냐(Feminism or Death)」(1974)라는 글에 처음 등장하는 용어다. 에코페미니즘 이론가인 카렌 워렌은 자연과 동물 착취는 그들을 여성화하면서 정당화되었고 여성 착취는 그녀를 자연화하면서 정당화되었다고 말한다. 또한 여성 지배와 자연 지배는 역사적, 체험적, 상징적, 이론적으로 분리해서 논의할 수 없는 쌍둥이 억압이며 이를 고려하지 않는 페미니즘 이론이나 환경 윤리는 불완전한 것이라고 단언한다.

크게 본다면, 자연과 여성 존재가 재평가되는 현상은 남성중심주의 주류 문화의 주변부 가치들이 20세기 중반 이후 새로 '발굴'되는 것의 일환이다. 에코페미니즘은 자연과 여성 억압이 이미 5,000년 전 성립한 가부장 이데올로기의 산물이라 주장한다. 가부장제는 남자와 여자, 문화와 자연, 정신과 육체 등을 짝으로 묶는 이분법 원리에 기반한다. 이들 짝은 우열 관계로 갈라지며 열등한 존재는 차별과 억압의 대상으로 '타자화'된다. 역사적으로 가장 억압을 받았던 대표적인 타자들이 여성, 유색인, 하층 계급, 그리고 자연이라 할 수 있다. 이런 의미에서 에코페미니즘 주창자들은 남성중심주의 사회가 크게 성차별, 인종주의, 계급 착취 그리고 환경 파괴 등 네 가지 기둥에 의해 지탱되었다고 믿는다. 따라서 이들 문제를 중심으로 '타자성' 회복이 실현될 때 비로소 억압 구조를 근본적으로 타파할 수 있다는 것이다.

에코페미니즘은 여성 교육과 투표권 쟁취에 중점을 두었던 19세기와 20세기 초의 전통적 페미니즘 운동, 그리고 시몬 드 보부아르의 『제2의 성』(1949)을 필두로 일어난 제2의 페미니즘 물결에 이어, 제3의 페미니즘 물결이라고 간주되기도 한다. 전통적 자유주의 페미니즘은 남성중심주의 가치관에 반기를 들고 동등한 권리 쟁취를 위해 투쟁했다. 이후 드 보부아르는 "여자는 태어나는 것이 아니라 만들어진다"라는 명제를 통해 여성이 주체로서가 아니라 주체성이 주어진 객체로서, 즉 남성의 '타자'로서 살고 있으며 오랜 세월 문명에 의해 만들어졌다고 강조한다(De Beauvoir, 1977: 265, 278). 한편, 1960년대 시작된 페미니즘은 가부장제 산물인 이분법 구도 자체의 해체에 주력한다. 즉 남성 타도를 외침으로써 또 다른 이분법의 모순에 빠지는 것이 아니라, 사회 곳곳의 남성중심주의 가치관을 비판하는 근원적 해결을 모색한다. 철폐할 것은 남성이 아니라 남성주의적 가치관인 것이다.

여기서 우리는 페미니즘과 에코페미니즘의 차이점을 발견한다. 에코페미니즘이 비판받는 큰 이유는 결정론적 성격 때문이다. 에코페미니즘 중에도 더욱 급진적인 '문화적 에코페미니즘'은 여성이 본질적으로 남성보다 더 섬세하고 평화로우며 자연에 가깝기에 생태 문제에 근원적 해법을 마련할 수 있다고 주장한다. 또한 여성은 일상적으로 자연과 감응하기에 환경 문제에 전일적 시각을 가지고 있다고 주장한다. 그러나 여성이 부드럽다는 인식 자체가 남성중심주의의 여성 억압 전략이며 생물학적 결정론이라는 비판을 피할 수 없다. 본질적으로 '자연'스러운 여성의 생물학적 성(sex)을 고착화하면서 정치적으로 조작된 사회적 성(gender) 문제를 무시하기 때문이다. 결국 에코페미니즘은 남녀의 생물학적 이분법을 고착화해 자신이 부정하던 가부장제 이데올로기를 강화하는 모순에 빠지고 만다.

문화적 에코페미니즘과 더불어 에코페미니즘의 양대 분파를 이루는 '사회적 에코페미니즘' 역시 페미니즘의 비판적 시각을 공유한다. 문화적 에코페미니즘과 마찬가지로 자연과 여성이 가부장적 이데올로기의 타자로서 동반 억압을 받아 온 것은 맞지만, 문화적 에코페미니즘이 자연과 여성의 연관성을 생물학적으로 설명하는 데에 비해 사회적 에코페미니즘은 그것을 사회·경제적 맥락에서 설명한다. 두 개의 에코페미니즘은 또 하나의 타자라 할 수 있는 제3세계 중남미의 생태비평 논의에 시사점을 주는 상호 보완적 이론이라 할 수 있다.

# 6 자연과 정의[4)]

　기후위기로 인해 1960년대와는 다른 종류의 남북 문제, 즉 선진국과 개발도상국 사이의 갈등이 생겨나고 있다. 생태계 파괴의 원인을 놓고 선진국들은 개발도상국들의 굴뚝산업, 즉 '지속불가능한 생산 패턴'을 문제 삼고 있고, 개도국들은 산업혁명 이후 환경 파괴와 온실가스 증가를 초래한 선진국들의 역사적 책임을 묻는 한편 현재의 과도한 소비 패턴을 비판하고 있는 것이다(정내권, 2022: 229). 그렇다면 생태계 오염의 주범은 누구인가? 제3세계의 생산자들인가 아니면 이들의 물건을 사들이는 선진국의 소비자들인가? 이 논의는 결국 우리로 하여금 세계화와 환경의 상관관계를 주목하게 만든다.

　세계화란 간단히 말해 사람, 자본, 상품, 정보 등이 국가 간 장벽 없이 소통되고 세계가 하나로 통합되는 현상이다. 세계화론자들은 개방을 통해 지구 빈곤이 줄어들고 지속가능 성장이 구현되며 나아가 생태계 파괴도 방지할 수 있다고 말한다. 최소 자원으로 최대 재화를 생산할 수 있기 때문이라는 것이다. 그러나 자유무역이 경제 성장을 가능케 하고, 경제 성장은 빈곤을 감소시키며, 빈곤 감소는 환경 파괴를 감소시킨다는 논리에 대해 반론도 만만치 않다. 서구 식민주의는 최적의 착취를 위해 사람과 동식물의 이주와 이식을 강요하며 광범위한 생태계 혼란을 야기했다. 또한 그들은 개발도상국을 고부가 가치 산업의 소비 시장이자 선진국 기본 재화 생산의 굴뚝산업 공장으로 전락시켰다. 이 때문에 세계화는 '효율성'

---

4) 자연과 정의의 논의는 다음 졸고에서 더욱 구체적으로 다룬 바 있다. 「탈식민주의 생태 비평과 라틴아메리카 문학」, 『외국문학연구』 제47호, 2012, 79-97쪽.

의 이름으로 제1세계가 제3세계를 이용해 이득을 극대화하는 새로운 제국주의라고 비판받는 것이다.

문제는 신제국주의 혹은 신식민주의 메커니즘에 의해 가동되는 글로벌 경제가 지구 환경을 회복 불가능할 정도로 파괴하고 있다는 점이다. 플럼우드(Val Plumwood)의 지적대로, 현재의 세계화는 인간 문화에 의해 자연이 타자화되는 신식민주의 시스템이다(Plumwood, 2002: 29). 따라서 효율성을 앞세운 세계화가 진행될수록 자연 회복력은 감소하는 결과를 낳는다(Rifkin, 2022: 25). 아이러니한 점은 생태계 파괴와 기후위기에 따라 대규모 환경 재앙이 잇달아 발생하고 있는데 직접적 피해가 대부분 주변부 약자들에게 돌아간다는 점이다. 2022년 여름 홍수로 인해 1,400여 명의 사망자와 엄청난 재산 피해를 본 파키스탄이 기후변화를 야기한 선진국들에게 기후 재앙의 피해를 보상하라고 요구하는 것도 이런 맥락에서다.

여기서 우리는 환경 문제와 남북 문제가 별개가 아니며 생태비평과 탈식민주의 비평 역시 별도로 논의될 주제가 아니라는 점을 알게 된다. 이런 배경에서 탈식민주의 생태비평(postcolonial ecocriticism) 혹은 그레이엄 허간과 헬렌 티핀이 제안하는 용어인 녹색 탈식민주의(green postcolonialism)가 탄생한다. 그것은 "문화적 차이를 역사적·현재적 생태 및 생명윤리학 논의에 포함하면서 환경 문제를 지향하는" 비평이다(Huggan & Tiffin, 2010: 9). 생태비평은 이렇게 문학과 자연환경의 관계 연구에 초점을 맞춘 1990년대의 제1세대, 환경 문제를 사회 정의와 연관해 논의하기 시작하는 2000년대 초의 제2세대에 이어 더욱 범주가 확장되고 있다.

생태비평과 탈식민주의는 공통점과 동시에 차이점을 가진다. 먼저 생태비평가들은 빈부격차, 저개발, 자원 고갈 등 식민주의 유산을 청산하지 않은 채 환경 문제가 해결될 수 없다는 것을 강조한다는 점에서 탈식민주의적 입장을 공유한다. 한편, 탈식민주의 비평가들은 신식민주의에 대한 투쟁이 환경 문제, 예를 들어 토지 소유, 자원 사용, 농업 생산 시스템 등을 둘러싸고 전개되었던 점을 주목하며 생태비평과 접점을 찾는다. 그러나 탈식민주의와 생태비평 사이에는 근본적 시각차가 있다. 탈식민주의자들은 생태비평이 암묵리에 식민주의 전략을 확대한다고 불신하는 반면, 생태비평가들은 탈식민주의가 세계적 환경 파괴를 묵인한다고 비판한다. 또한 탈식민주의가 주류 인간과 주변부 '타자'의 문제를 다루고 지역주의와 세계주의의 조화를 추구하며 잊힌 역사의 회복에 방점을 둔다면, 생태비평은 인간과 자연의 관계를 다루고 지역주의와 세계주의의 긴장 관계를 주목하며 역사의 초월에 기반을 둔다. 우리는 여기서 이상화된 자연을 대상으로 인간의 역사와 노동을 무시하는 제1세계 초기 생태비평이 수탈의 기억을 간직한 자연을 문학적으로 형상화하는 제3세계 생태비평으로 전개되는 양상을 볼 수 있다. 제국주의 폭력의 무대였던 제3세계 자연은 그 자체로 탈식민주의 생태비평의 살아 있는 텍스트인 것이다.

라틴아메리카와 카리브는 사실상 근대 최초의 제국주의 수탈의 대상으로서 수많은 생태비평 소재를 가지고 있으며, 실제로 많은 작가가 수탈당한 자연을 시적으로 형상화했다. 파블로 네루다, 에르네스토 카르데날, 니콜라스 기엔, 데릭 월컷 등이 희미한 기억을 간직한 채 말을 잊은(잃은) 자연을 노래했고, 탈식민주의 생태비평은 이들 작품에서 제국주의 트라우마를 읽어 내고 무언의 기억을 찾아낸다. 에두아르 글리상(Edouard

Glissant)의 말대로 땅은 증인 없는 투쟁이 무언의 형태로 새겨져 있는 역사적 기록이다. 심지어 쿠바의 시인 니콜라스 기옌은 "구름이 아직 기억할 수 있는 것들을 그대들은 어찌 잊을 수 있는가?"(Guillén, 1974: 239)라고 노래하며 구름의 기억까지 소환한다. 이처럼 탈식민주의 생태비평은 자연이야말로 역사적으로 철저히 침묵을 강요당한 주변부 존재라는 점에 주목한다.

## 7 맺음말

수탈당한 자연의 기억이 재생되는 것으로 생태비평이 소기의 목적을 달성했다고 볼 수는 없다. 글리상의 말대로 자연 풍경의 묘사만으로는 충분하지 않은 것이다. 자연은 더 나아가 이해되기를 바란다. 글리상의 말은 카리브 세계의 자연을 의미하지만 사실 이는 라틴아메리카, 아프리카, 아시아 등의 제3세계, 그리고 인간에 의해 타자화된 전 세계의 자연에 해당한다고 할 수 있다. 왜곡된 세계화 시스템이 정도의 차이는 있으나 전 세계에 동일하게 작동하고 있기 때문이다. 그렇다면 생태비평은 자연 생태계 문제에만 국한되는 것일까.

본문에서 근대성, 페미니즘, 동양 사상, 세계화 등의 문제를 생태비평의 관점에서 비교 분석하며 언급했듯이, 이제 생태 문제는 학문 수형도의 한 부분을 차지하는 하위 카테고리가 아니라, 그것을 중심으로 모든 학문 분야의 재편(reshuffle)을 요구하는 과제로 대두되고 있다. 인간을 포함한 지구의 생존이라는 최상위 가치가 걸린 문제이기 때문이다. 대위기를 맞아 필요한 것은 인식의 대전환이다. 그것은 지금까지 그래 왔듯이 자연을 인간에 적응시키기보다 인간을 다시 자연에 적응시킨다는 인식 전환이다. 그리고 이는 자연을 자원이 아닌 생명의 원천으로 보는 또 다른 인식 전환을 전제로 한다(Rifkin, 2022: 18). 지구를 착취의 대상인 타자가 아니라 사귀어야 할 또 다른 주체로 이해하고 인간과 지구가 상호 유익했던 이전 시대로 돌아가는 가치 전환 작업인 것이다(Berry, 2009: 10-15). 토마스 베리는 이를 '위대한 과업(The Great Work)'이라 일컫는다.

제 2 장

# 『소용돌이』에서
## 아마존 밀림과 인간의 삶을 읽는다*

조구호

* 이 글은 『스페인어문학』(제93호)에 게재된 논문을 수정·보완한 것이다.

# 1 『소용돌이』의 생태문학적 의미

'문학생태학'이라는 용어를 처음 사용한 문학 이론가 조셉 미커 (Joseph W. Meeker)는 문학이 상상력을 통해 자연에 대한 새로운 패러다임을 제시함으로써 생태 위기를 극복하는 데 중요한 역할을 수행할 수 있다고 말한다. 이는 본질적으로 인간과 자연에 대한 이해를 도모하고 인간과 인간, 인간과 자연의 조화를 지향하는 예술인 문학이 인간의 감성에 호소해 환경 문제를 구체적이고 감각적으로 다룸으로써 참다운 생태 의식을 불러일으키고 위기를 극복하는 데 이바지할 수 있기 때문이다. '녹색 문학', '환경문학' 등으로 불리는 생태문학은 인간과 자연의 관계, 환경 및 생태에 관한 문제를 다룰 뿐만 아니라, 일련의 문화 운동과도 연관되어 있다. 알렉스 굿바디(Alex Goodbody)에 따르면, 생태문학은 자연과 인간의 관계로 이루어지는 현실에 대한 비판적 성찰을 통해 인간의 세계관을 전환시킨다. 생태문학은 진보와 발전이라는 미명하에 박탈당한 '자연의 권리'를 제대로 인식하고, 자연의 권리 회복에 대한 대안을 모색하려는 의지의 산물이다. '의미 있는 타자'인 자연의 권리에 대한 인식의 전환은 생태문학이 제시하는 대안이 환경 및 생태 문제의 해결을 위한 인간의 각성을 촉구할 뿐만 아니라 인간, 그리고 인간을 둘러싼 세계에 대해 근원적으로 성찰할 계기를 마련해 준다는 점에서 중요한 의미가 있다.

인간과 자연의 관계를 성찰하는 것은 라틴아메리카 문학의 주요 테마들 가운데 하나다. 특히 콜롬비아 출신 작가 호세 에우스따시오 리베라(José Eustasio Rivera, 본명 산 마떼오-리베라, 1888-1928)의 『소용돌이(La vorágine)』(1924)는 아르헨티나 작가 리까르도 구이랄데스(Ricardo Güiraldes)의 『돈 세군도 솜브라(Don Segundo Sombra)』(1926), 베네수엘라 작가 로물로 가예고스(Rómulo Gallegos)의 『도냐 바르바라(Doña Bárbara)』(1929)와 더불어 인간과 자연의 관계를 다룬 20세기 라틴아메리카의 3대 소설로 꼽힌다. 『소용돌이』는 무자비하고 난폭하고 적대적인 아마존 밀림을 문학적으로 탁월하게 형상화함으로써 열대 자연에 대한 서사시라는 평가를 받고, 나중에 로물로 가예고스의 『까나이마(Canaima)』(1935), 브라질 작가 조르지 지 리마(Jorge de Lima)의 『깔룬가(Calunga)』(1935)에 직접적인 영향을 미친다.

우루과이의 위대한 자연주의 소설가 오라시오 끼로가는 『소용돌이』를 라틴아메리카 대륙에서 출간된 가장 중요한 작품이라 평가하고, 호세 에우스따시오 리베라를 '셀바의 시인'이라고 칭한다. 비평가 알레한드로 곤살레스 세구라는 『소용돌이』가 콜롬비아 소설의 '폭력 시리즈'를 개시한 작품으로, 몇십 년 뒤에 가브리엘 가르시아 마르케스의 '장황스러운' 작품들이 등장하기 전까지 콜롬비아에서 가장 중요한 소설의 지위에 있었다고 평가한다. 사실, 라틴아메리카에서 주요 '행위자(actor)'인 폭력은 라틴아메리카 문학의 구성 요소들 가운데 하나인데, 『소용돌이』에서 폭력은 사람을 잡아먹는 자연 '셀바'를 통해 드러난다. 아마존 밀림의 자연과 삶에 대한 작가의 깊고 넓은 지식, 소름 끼치게 섬세한 묘사, 시적 표현은 독자에게 충격을 주면서 등장인물들의 몸과 영혼, 삶을 꿰뚫는 폭력성과 절망감이 어느 정도인지 잘 보여 준다.

콜롬비아, 에콰도르, 페루, 브라질을 통과하는 뿌뚜마요 강 유역 밀림에서 백인 고무 채취업자들이 저지른 잔혹한 행위들을 고발한 출판물들이 이미 있었고, 이들 가운데 많은 수는 리베라가 『소용돌이』를 쓰는 데 직접적인 정보원이 되었다. 그럼에도, 소설에 소개된 장면들과 정치·사회·문화적 면모, 그리고 일부 등장인물은 리베라 자신이 위의 국경 지역 밀림을 탐사하면서 겪은 경험, 만난 사람, 획득한 지식 등에 기반한 것인데, 여기에 그의 시적 직관, 통찰력, 상상력이 절묘하게 배합되었다.

1922년에 리베라는 '콜롬비아-베네수엘라 국경설정위원회'의 법률 담당 서기관으로 임명되어 국경 지대의 밀림을 탐사함으로써 사람을 죽이는 '푸른 지옥'의 환경과 파괴적인 위력을 직접 경험하고, 국가의 관심을 받지 못하던 그 지역의 현실과 이주민들의 실태를 접한다. 그는 고무 채취 일꾼들의 황량하고 서글픈 상황을 목격하면서 무질서, 탐욕, 유혈이 낭자한 폭력, 고무로 인한 광기와 불법 행위가 지배하는 그 세계에 정면으로 맞선다. 당시 리베라는 젊은 연인 알리시아 에르난데스 까란사와 함께 보고따에서 도망쳐 까사나레 주의 오로꾸에에 정착한 루이스 프란꼬 사빠따를 만나 친구가 된다. 그는 알리시아와 함께 3년 동안 아마존 밀림의 심장부를 탐험하면서 겪은 무시무시한 이야기, 밀림의 '비극'과 고무 채취 일꾼들의 비참한 삶에 관해 리베라에게 자세하게 들려주고, 이는 『소용돌이』의 주인공 아르뚜로 꼬바와 알리시아의 이야기에 반영된다. 이들 외에도 『소용돌이』에는 아마존 지역의 역사에 실재했던 인물이 다수 등장한다. 20세기 초반 베네수엘라의 강력한 까우디요(caudillo: 호족) 또마스 푸네스는 베네수엘라의 산 페르난도 데 아따바뽀를 오랫동안 통치하면서 그 지역 원주민을 노예화하고 고무 산업을 통제했다. 페루 출신인 훌리오 세사르 아라나는 인디오들을 상대로 저지른 인종 학살로 유명하다. 『소용돌이』에서 '바레라'라는 인물로 형상화된 고무 상인 훌리오 바레라 말로, 소설에 실명으로 등장하는 고무 채취 일꾼인 끌레멘떼 실바, 아마존을 누비며 고무 사업을 비롯해 여러 가지 사업을 펼치는 소라이다 아이람 등도 실제 인물이다. 이처럼 기록문학·저항문학적 가치를 지닌 『소용돌이』에는 1920년대 콜롬비아-베네수엘라-브라질 국경 지역에 비일비재하던 비인간적인 착취를 비롯해 수많은 문제를 파헤쳐 알리려는 작가의 열정이 고스란히 담겨 있다.

『소용돌이』에서 아마존 열대 밀림은 단순한 공간이 아니라 소설의 분위기와 인간의 존재 방식을 결정하는 활력 있는 주인공이다. 『소용돌이』의 불길하고 마술적인 공간에서 인간들의 관계는 공포와 환각을 느낄 정도까지 왜곡된다. 여기서 '소용돌이'는 인간과 통제할 수 없는 자연 사이의 투쟁을 상징하는데, 투쟁은 아르뚜로 꼬바를 비롯한 등장인물들과 자연, 밀림, 야만성, 불법 사이에 일어난다. 밀림을 여행한다는 것은 다양한 등장인물이 이국적이고, 풍요롭고, 거대하고, 가공할 만하고, 억제할 수 없고, 경이로운 자연이 유발하는 '소용돌이' 속으로 들어가는 것이라고 할 수 있을 것이다.

문명화된 인간이 난폭하고 적대적이고, 어떤 의미에서는 '탐욕스러운' 밀림의 자연 속에서 겪는 모험과 패배를 다룬 소설『소용돌이』는 자연의 무시무시한 힘 앞에 위치한 화자의 당혹감과 불안감을 드러내고, 인간의 탐욕과 고무 채취업자들의 자연에 대한 범죄적인 '개발'을 고발하며, 무법 세계에서 인간의 본능적인 행위들이 어떻게 발현되는지 보여 준다. 특히 각 등장인물의 존재 방식과 세계관에 따라 인간과 자연의 관계가 다르게 나타나는데, 이들 등장인물을 통해 자연과 접하는 인간의 유형과 자연의 구성 요소, 자연의 본성을 천착하는 것은 이 소설의 주 테마를 명확하고 깊게 이해하는 지름길이 될 것이다.

## 2 자연과 인간의 관계

『소용돌이』에서 밀림은 생명력을 지닌 존재로 나타나고, 괴물이나 짐승처럼 살아 움직인다. 살아 있는 존재, 영혼을 지닌 존재인 밀림은 인간의 문명화 작업에 반대되는 사악한 힘으로 작용한다. 모든 것을 빨아들이는 인격화된 밀림은 통제할 수 없는 힘이자 악의 화신으로, 인간을 유혹하고, 집어삼키고, 궤멸시킨다. 등장인물들은 윈체스터 소총과 마체떼만 든 채, 쾌락과 풍요를 희구하며 거친 자연 속으로 뛰어들지만, 그들을 맞이하는 것은 적대적이고 폭력적인 자연의 가혹함이다. 밀림을 지배하려고 시도하는 자는 자연의 압도적이고 전제적인 복수의 대상이 되고 만다.

## (1) '적대적' 자연과 아르뚜로 꼬바

1인칭 화자 아르뚜로 꼬바는 20세기 초기 콜롬비아의 '비관주의적' 지성을 대변하는 인물로, 라틴아메리카 자연주의 소설에 자주 등장하는 좌절한 인물의 전형이다. 그는 지식인이자 시인으로서 착취와 억압을 당하는 이들을 보호하는 사람으로 간주되지만 병적인 행동 특성을 지녔을 뿐만 아니라 종종 주변 사람들에게 위험한 행동을 한다. 삶에서 온갖 갈등을 겪지만 자신의 모순을 제대로 이해하고 개선할 만큼 명석하지도 실천적이지도 않다. 폭력적인 행위를 저지름으로써 사회적인 규범을 위반한다. 그는 불가능한 것과 현실에 부합하지 않는 추상적이고 허망한 이상을 추구하면서 여자를 꾀는 데 몰두하고, 허세가 있고, 가식적이고, 난폭하고, 감상적이고, 신경질적인 인물이다. 한마디로 말해, '나쁜' 시인이다. 그의 특이한 성격은 적대적이고 폭력적인 밀림에 의해 더욱 두드러지게 드러난다. 이는 밀림이 특이하고 놀랄 만한 것이 일어나는 곳이기 때문인데, 그 결과 그의 '나쁜' 시학, 즉 도덕적인 기준을 넘어 '예술적'으로, 자유분방하게 살고 싶어 하는 그의 열망은 밀림이 지닌 모든 면모 안에서 표출되고 좌절된다.

아르뚜로 꼬바는 문명 세계와 밀림, 고무농장을 합침으로써 인물들, 역사적인 공간들, 지리적인 공간들을 연결하는데, 그는 자연과 두 가지 유형의 관계를 유지한다. 첫 번째는 자연과의 짧은 공모 관계다. 그는 자신이 계획한 삶을 향유하기 위해 아름답고 광활한 야노스로 떠난다. 이는 그가 자신의 이상을 실현하기 위해 알리시아의 부모 및 판사로부터 도망쳐 안식처를 마련하는 것을 야노스의 자연이 허용해 준다고 믿었기 때문이다.

실제로, 야노스는 아르뚜로 꼬바가 알리시아의 부모와 판사의 그물에서 벗어나도록 허용해 주었고, 이는 그의 시적 영감의 원천이 된다.

> 아마도 내 시(詩)의 원천은 원시림이 간직한 비밀에, 미풍의 애무에, 사물들의 낯선 언어에 있었을 것이고, 밀려가는 강 물결이 바위산에, 노을이 습지에, 별이 신의 침묵을 간직한 그 광활한 공간에 들려주는 노래에 있었을 것이다.(『소용돌이』, 127)

아르뚜로 꼬바가 자연과 맺은 공모 관계는 이내 갈등·적대 관계로 바뀐다. 야노스는 아르뚜로 꼬바가 이상을 실현하는 곳이 되지 못하고, 그는 극심한 좌절을 겪는다. 까사나레에서 알리시아와 첫날밤을 보낼 때 아르뚜로 꼬바는 자연의 심술궂은 효과를 느낀다. 그는 야노스가 안정적인 도피처를 제공해 주지 않기 때문에 결국 아마존의 밀림으로 들어가는데, 그곳에서 신체적·도덕적·정신적으로 허약해지고, 자연의 무게를 견디지 못한 채 자신을 괴롭히는 여러 가지 질병으로 인해 환각과 공포를 경험한다. 아르뚜로 꼬바의 환각과 공포는 섬망증, 강직증, 가학증, 자살 충동, 나무와 자신을 신체적·상징적으로 동일시하는 성향 등으로 인한 정신적인 위기로 이어진다. 결국에는 밀림이 그의 동물적인 본능을 자극함으로써 그는 범죄 행위조차도 정상적인 것으로 인식할 지경에 이른다. 어느 비극적인 악령이 천천히 그의 의식을 지배하겠다고 나서고, 그는 연민에 사로잡혀 자기 동료들을 죽이겠다는 병적인 의도를 품는다. 그는 자신이 인간의 삶을 비롯해 모든 것을 황폐화하는, 쉽사리 뚫고 들어갈 수 없는 밀림의 포로가 되어 있다고 생각한다.

오, 밀림, 침묵의 아내, 고독과 안개의 어머니! 어느 심술궂은 운명이 나를 그대의 푸른 감옥에 가두어 놓았는가?(『소용돌이』, 162)

특이한 점은 아르뚜로 꼬바가 밀림을 '아내'나 '어머니'로 여성화한다는 것인데, 여기서 아내나 어머니 같은 밀림이 그에게 '푸른 감옥'이 된다는 사실은 그가 처한 한계 상황 또는 비극성을 역설적으로 표현해 준다. 어떤 의미에서 밀림은 아름다운 목소리로 선원들을 유혹해 파멸시키는 '세이렌'의 은유라 할 수 있을 것이다.

이 소설의 대미를 장식하는 "밀림이 그들을 삼켜 버렸습니다!"라는 문장은 그들이 신화적이고 인격화된 자연, 카니발적인 자연인 밀림과 하나가 되어 밀림으로부터 영원히 벗어나지 못한다는 것을 의미한다. 아르뚜로 꼬바가 제아무리 발버둥쳐도 헤어날 수 없는 소용돌이 같은 밀림에서 빠져나오지 못하는 것은, 역설적으로, 그의 내부에 밀림이, 소용돌이가 항상 존재하기 때문이라고 볼 수도 있을 것이다.

## (2) '고통을 유발하는' 자연과 끌레멘떼 실바

아르뚜로 꼬바와 비교되는 인물은 바로 끌레멘떼 실바다. 그는 밀림에서 타인을 돕는 등 인간의 기본적인 원칙을 유지하며 성실하게 살아가는 인물이다. 끌레멘떼 실바는 '끌레멘떼(clemente)'라는 이름이 의미하는 바처럼 '너그럽고', '정이 많고', '자비로울' 뿐만 아니라 이타적이고 신뢰할 수 있는 사람이다. 끌레멘떼 실바가 밀림의 본성을 십분 이해하려고 했다는 점에서 끌레멘떼 실바와 자연의 관계는 친화적·협조적이라고 볼 수도 있다.

인간을 우롱하는 나무에 관한 끌레멘떼 실바의 설명을 통해 우리는 아마존 밀림의 신비로움이 얼마나 대단한지, 그 신비를 포착하고 이해해서 설명하는 리베라의 작가적 역량이 얼마나 뛰어난지 알 수 있다.

돈 끌레멘떼 실바는 그들에게 나무가 신호를 보내니 나무를 쳐다보지도 말고, 나무도 어떤 말을 하니 나무가 중얼거리는 소리도 듣지 말며, 나뭇가지가 사람의 목소리를 흉내 내니 말을 하지도 말라고 충고했다. 하지만 그들은 그의 가르침에 따르기는커녕 숲과 장난을 침으로써 전염되듯 요술에 걸려 버렸다. 그 또한 비록 앞장서 가고 있었다 해도 밀림이 움직이면서 나무가 눈앞에서 춤을 추고, 덩굴풀이 지름길을 여는 걸 막고, 나뭇가지가 그의 칼을 피해 숨고 자주 그의 칼을 빼앗으려 했기 때문에, 그는 나쁜 영혼들의 영향을 느끼기 시작했다.(『소용돌이』, 323)

밀림에 대한 끌레멘떼 실바의 이해력은 자연의 본성과 의도를 제대로 파악하지 못하는 무지하고 오만한 인간이 도저히 따라갈 수 없을 정도다. 의인화된 자연의 모습은 인간이 도저히 자연을 정복할 수 없다는 사실을 암시한다.

그러던 어느 날 아침 그는 갑작스러운 계시를 받았다. 어느 모리체 야자나무 앞에 멈춰 섰는데, 전설에 따르면 이 나무는 해바라기처럼 해가 움직이는 방향을 따라 몸을 돌린다. 그 신비에 관해서는 결코 생각해 본 적이 없었다. 그 신비를 확인하면서 황홀경에 빠져 조바심치며 한동안을 보냈다. 관찰해 보니,

높은 곳에 있는 잎사귀들이 오른쪽 어깨에서 왼쪽 어깨 쪽으로 움직이는 데 정확히 열두 시간이 걸렸다. 나무 꼭대기의 리듬에 따라 천천히 움직이고 있었다. 사물들의 비밀스러운 목소리가 그의 영혼을 채웠다. 파란 하늘을 향한 표식처럼 밀림에 높이 솟아 있는 야자나무가 방향을 가리킨다는 게 확실할까? 사실이든 거짓이든, 그는 야자나무가 하는 말을 들었다. 그리고 그렇게 믿었다! 그가 필요한 것은 어떤 결정적인 믿음이었다. 그 식물이 가리켜 준 길을 따라 그는 자신의 길을 가기 시작했다.(『소용돌이』, 331)

끌레멘떼 실바는 생생한 경험을 통해 체득한 밀림에 관한 지식과 이해를 바탕으로 밀림의 나무와 소통하고, 나무가 알려 주는 바를 신뢰하면서 밀림에 적응하고 밀림과 화해하며 자신의 길을 모색한다.

그럼에도 불구하고, 끌레멘떼 실바가 자연과 맺은 관계는 결국 슬픔, 고통, 후회를 유발한다. 밀림의 고무 채취 일꾼들을 대변하는 인물인 그는 다른 일꾼들과 마찬가지로 자신의 고용주로부터 부당한 대우를 받는다. 사실, 모든 일꾼은 고용주로부터 부당한 대우를 받는 희생자다. 이들은 자신과 가족의 삶을 개선하기 위해 고무를 채취하지만 이들을 기다리는 것은 빈곤과 절망과 굴욕이다. 일부에게는 죽음이 기다린다. 밀림에서 이루어지는 이들의 모험은 이들의 사회적 상황을 악화시킬 따름이다. 따라서 다른 고무 채취 일꾼들과 마찬가지로 끌레멘떼 실바와 자연 사이에는 고통과 후회와 적대감의 관계가 지배하고, 이런 관계로 인해 그의 모든 불행이 유발된다.

## (3) '여성적' 자연과 여성

『소용돌이』에는 각기 독특한 존재 방식을 드러내는 남성 인물들과 더불어 소설의 씨줄 날줄을 이루면서 남성 인물들의 욕망과 좌절의 원인이 되는 여성 인물들이 다수 등장한다.

알리시아는 삶에서 자신만의 족적을 남기지 못하는 여성이다. 아르뚜로 꼬바에게 그녀는 삶의 동반자가 아니라 '상상의 세계'에 속해 있는 인물이어서 그가 그녀에게 독립적이고 충만한 삶을 꾸려 나갈 여지를 주지 않기 때문이다. 알리시아는 부모가 점지해 준 남자와 결혼하기를 거부하는데, 이는 세대 간의 갈등을 의미할 수 있다. 다시 말해 알리시아는 자신에게 더 좋아 보이는 것을 모색하기 위해 구세대와 단절하고자 하는 아가씨의 이미지 외에도 이익을 추구하지 않은 채 사랑을 함으로써 자신의 가치가 하락하는 것을 보는 여성, 자신을 자유롭게 표현하지도 독립적으로 발전하지도 못함으로써 정신적·사회적으로 질식당하는 여성의 이미지를 지닌다.

그리셀다는 '해방된' 여자, 마음이 원하는 대로 사랑이 넘치는 삶을 살고자 하는 여자를 상징한다. 지적인 수준은 썩 높지 않지만 모든 상황에 적응하고, 골치 아픈 문제가 생기면 빠져나올 줄 아는 여자다. 자신이 원하는 것을 하는 것이 자신을 행복하게 해주면 그렇게 하고 만다. 심지어는 자기 친구의 남자도 사랑한다. 그녀는 자유롭고 독립적이지만, 물질적인 것, 호사스러운 것, 섹스에는 약한 면모를 보이는 여자의 이미지를 갖고 있기도 하다.

남자들을 통해 서로 알게 되어 한때 일종의 연대감을 느꼈던 알리시아와 그리셀다는 각자의 남자를 떠나 밀림의 고무농장으로 가는데, 이는 삶의 도피라기보다는 남자들이 고무농장으로 가는 것과 마찬가지로, 삶에서 경제적인 독립을 얻고자 하는 고통스러운 시도라 할 수 있다.

소라이다(마도나) 아이람은 아마존의 밀림과 여성적인 것을 연결해 주는 존재이면서 밀림과 비교된다. 그녀가 표출하는 이미지는 마초적이다. 돈과 권력을 원하고, 타자를 조종하고 싶어 한다. 독립적이고, 여러 가지 사업을 하고, 남자처럼 무기를 들고 다니고, 인신매매를 하고, 성적인 면에서도 적극적이다. 마도나는 남자들이 밀림에서 얻고자 애쓰고, 아르뚜로 꼬바가 얻을 수 없었던 것을 얻는 여자다. 그녀는 그런 식으로 의인화된 셀바가 되고, 원주민 소녀 마삐리빠나가 되고, 뱀파이어가 되고 환상문학의 암늑대가 된다.

여성 인물들은 밀림, 그리고 아르뚜로 꼬바의 자연에 대한 투쟁과 병치되어 있다. 밀림이 지닌 힘과 신비는 여성의 성적 능력과 병치됨으로써 여성들의 역할은 밀림과 마찬가지로 파괴적인 것이 되는데, 이는 아르뚜로 꼬바가 자연과 투쟁할 때 여성들이 밀림 편을 드는 것에서 잘 드러난다. 예를 들면, 역겨운 냄새를 풍기고, 끈적끈적한 고무 수액을 배출하는 고무나무의 이미지는 여성의 이미지와 겹치고, 이는 남자의 죽음의 원인이 된다. 또한 밀림과 여성은 아르뚜로 꼬바에게 사랑-증오의 관계를 야기한다. 밀림과 여성은 아르뚜로 꼬바가 자기 스스로를 분석하도록 유도하기 때문에 아이러니하게도 아르뚜로 꼬바는 자신의 성찰을 위해 밀림과 여성을 필요로 한다. 여성은 남성의 욕망의 대상이면서도 남성을 파괴시키는 자연(밀림)과 교묘하게 병치되고, 밀림과 여성 인물들이 표출해 내는 다양한 '여성성'은 소설의 의미를 더욱 풍부하게 만든다.

## (4) '토착적' 자연과 인디오

『소용돌이』에 등장하는 인디오들은 야만적이고, 무식하고, 순진하고 무책임하다. 그들에게는 신도 영웅도 없고, 조국도 없으며, 미래도 과거도 없다. 그들은 현재에서만 사는 것처럼 보인다. 그럼에도 불구하고, 인디오들은 사교적이어서 타인을 쉽게 받아들인다. 아르뚜로 꼬바 일행이 바레라를 찾아가는 도중에 만난 인디오들은 일행에게 술과 음식을 제공하기까지 한다.

밀림은 인디오들에게 자신들을 보호해 주는 어머니처럼 보인다. 인디오들은 생존에 필요한 모든 것을 밀림에서 만난다. 밀림은 인디오들이 성장하고 문화를 함양하는 데 적합한 환경을 제공한다. 그들은 밀림 속에서 자식을 낳고, 땅에서 유까 같은 식물을, 강에서 물고기를 잡아 소박한 삶을 영위한다. 인디오들은 자신이 문명화되었다고 믿는 사람들, 특히 서구인들이 도저히 이해할 수 없는 고유한 문화를 소유하고 있다. 포근한 어머니의 품과 같은 밀림은 그들이 발전하고 문화를 향유하도록 해주는 곳으로 기능한다. 따라서 인디오들은 밀림과 조화를 이루고 합치되어 산다고 할 수 있다.

『소용돌이』에는 아마존 밀림의 다양한 전설이 등장하는데, 이들 가운데 인디오와 관련해 생태비평적 관점에서 생각해 볼 만한 것이 있다. 샘과 호수를 지키는 여사제이자 오리노꼬 강과 아마존 강의 유래가 되는 마삐리빠나의 이야기다.

원주민 소녀 마삐리빠나는 정적의 사제이고, 샘과 호수의 감시자예요. 밀림

한가운데서 살면서 큰 강들에 투명한 보물을 주는 새로운 유역을 만들기 위해 작은 구름들을 짜고, 흘러나온 물의 길을 내고, 벨벳처럼 펼쳐진 강변의 벼랑에서 물로 만든 진주를 찾고 있지요. 그 소녀 덕분에 오리노꼬 강과 아마존 강이 지류들을 갖고 있어요.

이들 지역의 인디오들은 그 소녀를 두려워하고, 그녀는 인디오들이 시끄럽게만 하지 않는다면 사냥을 하도록 허용해 주지요. 그녀의 말을 듣지 않는 사람은 사냥감을 전혀 잡지 못해요. 그녀가 동물들을 놀라게 하면서, 그리고 마치 거꾸로 걷는 것처럼 발뒤꿈치의 자국이 앞에 나 있는 하나의 발자국만 남기면서 지나갔다는 사실을 확인하려면 축축한 점토를 주시하기만 해도 충분해요. 그녀는 늘 손에 난초 한 송이를 들고 다니고, 야자나무 잎사귀 부채를 맨 처음으로 사용했어요. 밤이면 보름달이 강변을 비추는 가운데 그녀가 강에서 거북의 등을 타고 돌고래들에 이끌려 가면서 어둠 속에서 지르는 소리를 들을 수 있는데요, 그녀가 노래를 부르는 사이에 돌고래들은 지느러미를 움직이지요.(『소용돌이』, 207-208)

밀림의 세계에서 대대손손 이어졌을 구전 전통의 영향이 듬뿍 배어 있는 이 전설은 다음과 같이 현실 세계와 연계된다. 어느 날 탐욕스럽고 음탕한 선교사가 와서 마삐리빠나를 강간해 임신시킨다. 이들 사이에 각각 흡혈귀와 부엉이의 모습을 띤 쌍둥이 아들이 태어나는데, 쌍둥이가 자연의 정의를 훼손한 선교사의 죄를 물어 그를 위협하자, 그는 마삐리빠나에게 자기를 지켜 달라고 부탁하지만 그녀는 단호하게 거절한다. 밀림과 원주민의 세계, 여성의 세계를 연결하는 마삐리빠나의 전설에서 '자연의 정의를 훼손한 선교사'는 서구의 '정복자'를 상징할 수 있다. 이 선교사(정복자)는 원주민들에게 거부의 대상이다.

리베라는 셀바스에 거주하는 인디오들의 고유한 존재 이유와 존재 방식을 전설을 통해 보여 줌으로써 라틴아메리카의 자연을 서구적 시각이 아닌 토착적인 시각으로 바라보고, 자연의 '성스러움'을 인정하는 것이 타당하다는 교훈을 준다.

### (5) '경제적' 자연과 착취자

바레라를 위시한 자연의 착취자들, 예를 들어, 엘 까예노, 푸네스, 소라이다 아이람 등은 자연과 공모 관계 또는 협조 관계를 맺고 있다. 이런 관계는 그들이 고무 채취 일꾼들을 착취하는 '악마적인' 계획을 수행하도록 허용해 준다. 자연을 착취하는 이들 '정복자'는 인디오 또한 착취의 대상이라고 인식한다. 이들에게 자연과 인디오의 가치와 유용성은 경제적인 면에서만 의미를 지닌다.

바레라는 고무를 채취하기 위해 인디오 일꾼들을 꾀어 밀림으로 데려간다. 밀림은 고무 채취 일꾼으로 이용할 인디오들을 거래하는 시장으로 변하기도 한다. 밀림은 착취자가 사업을 발전시켜 부를 축적하게 하는 원천으로 변하고, 착취자는 착취를 위해 수단과 방법을 가리지 않는다. 착취자에게 밀림은 무법천지고, 강자가 약자를 억압하고 지배하는 곳이다. 실제로 우두머리나 그가 거느린 십장(충복)들은 이런저런 이유로 고무 채취 일꾼을 죽인다. 인디오들은 자신뿐만 아니라 부인과 딸을 바쳐야 하고, 무자비하게 고문당하거나 살해당한다. 그들은 할당받은 고무를 채취할 수가 없기 때문에, 아니 그들에게 할당된 고무는 그 어떤 인간도 채취할 수 없을 정도로 과도한 분량이기 때문에 그들은 평생 동안 탕감할 수 없는 부채로 인해 노예로 전락한다. 어떤 의미에서 이 착취자들의 이미지에는 라틴아메리카를 정복한 서구인들의 이미지가 중첩되어 있다.

밀림은 인간에게 더욱더 비인간적인 본능을 발달시킴으로써 인간을 부정적으로 변화시킨다. 『소용돌이』에서는 잔인성이 뒤엉킨 가시처럼 영혼을 침범하고, 욕심이 열병처럼 영혼을 불태운다. "재물에 대한 조바심이 탈진한 몸을 회복시켜 준다. 고무 냄새가 수백만 명의 미친 인간을 만들어"낸다. 이 '미친 인간들'은 자신들의 이익을 위해 밀림에 도전해 무자비하게 자연을 파괴한다. 하지만 그 식물성 황금은 아무도 부자로 만들지 못한다. 도주는 고무 채취꾼들의 영원한 꿈으로서 그들은 꿈의 윤곽을 보지만 죽음이 밀림으로부터 모든 탈출구를 닫아 버린다는 사실을 알고 있기 때문에 꿈을 실행하지 못한다. 그들을 기다리는 것은 죽음뿐이다.

실패와 저주의 운명이 초록색 광산을 채굴하는 모든 사람을 따라다니죠. 밀림이 그들을 궤멸하고, 밀림이 그들을 붙잡고, 밀림이 그들을 삼키려고 불러요. 도망친 사람들은, 비록 도시에 숨어 있다 할지라도, 몸과 마음에 이미 저주를 받았어요. 그들은 풀이 죽고, 늙고, 환멸을 느낀 상태에서 단 하나의 기대만 해요. 돌아가면 죽는다는 것을 알면서도 돌아가고, 또 돌아가는 거죠. 그리고 밀림에서 떨어져 있는 사람들, 밀림의 부름에 불응한 사람들은 항상 빈궁한 처지로 전락하고, 알지 못하던 고통의 희생자가 되고, 말라리아에 걸린 몸으로 병원에 입원해 자신들이 인디오들에게, 나무들에 행한 천벌을 받을 것에 대한 벌로써 자기 간을 칼에 맡겨 조가조가 잘리게 되는 거죠.(『소용돌이』, 389-390)

밀림은 경제적인 이익만을 추구하는 인간의 욕망을 끊임없이 자극해 인간이 죽음을 불사하면서까지 회귀를 반복하게 만드는 유혹의 공간이다. '푸른 광산'을 채굴하는 인간에게 '실패와 저주의 운명'이 예정되어 있으며 '천벌'이 내려진다는 사실은 '경제적 자연' 밀림('푸른 광산')이 '푸른 감옥'보다 더 고통스러운 '푸른 지옥'임을 암시한다.

## 3 밀림이 상징하는 것

밀림은 소설의 풍경이고 무대지만, 모든 곳에 동시에 존재하는 또 하나의 등장인물이고, 소설의 정체성을 명확하게 규정하도록 해주는 핵심 요소다.

특정한 주인이 없는 것처럼 보이는 밀림은 내부 깊은 곳에 거대한 비밀을 간직하고 있다. 그 비밀은 바로, 타자에 대해, 외부에서 오는 것에 대해 통제하고 지배하는 자연의 '의지'다. 밀림에 존재하는 것들은 자신의 영토를 침입한 인간의 음험한 시선으로부터 자신을 보호하기 위해 스스로를 위장한다. 그리고 인간에게 요술을 부리고, 마법을 씌우고, 최면을 건다.

밀림을 돌아다닐 때 우리에게 정신착란을 일으키는 신비의 원인이 뭔지는 아무도 몰라요. 그렇지만 설명은 할 수 있을 것 같아요. 공원이나 길가, 평원에서 각자 자라는 나무들은 인간들이 베거나 수액을 뽑거나 박해하지 않으면 인간들에게 우호적이고 심지어는 생글거리는 것처럼 보이죠. 하지만 밀림에서는 모든 나무가 사악하거나 공격적이거나 최면을 걸어 버려요. 이 고요 속에서

이 그늘 아래서 나무들은 우리와 대적하는 방법을 갖고 있어요. 무언가가 우리를 놀라게 하고 경련시키고 억누르면 답답함에 현기증이 나서 어디로든 도망치고 싶은데, 그러다 그만 길을 잃고 말아요. 그래서 고무 채취꾼 수천 명이 밀림에서 되돌아 나오지 못했소.(『소용돌이』, 304)

잔인무도한 사람들에게 밀림은 "사악하거나 공격적"으로 변해 스스로를 보호하기 때문에, 그리고 인간이 길을 잃어 '푸른 감옥'에 갇혀 있다가 '푸른 지옥'에 떨어지게 하기 때문에 결국에는 인간이 패배하게 되는 것이다.

문명 세계와 격리되어 멀리 떨어져 있는 밀림은 가깝게도 보이고, 낯설면서도 낯익게도 보이는 곳으로, 금지된 공간이면서도 인간을 유혹하는 공간이다. 밀림은 낭만주의 소설에 흔히 등장하는 목가적인 밀림, 사근사근하고 친절하고 모성적인 밀림과는 거리가 멀다. 아마존의 밀림이 지닌 이미지는 기괴하고 무자비하다.

사랑에 빠진 나이팅게일도 전혀 없고, 베르사유풍의 정원도 전혀 없고, 감상적인 파노라마도 전혀 없다. 여기에는 수종(水腫)에 걸린 두꺼비가 개굴개굴 기도하는 소리, 사람을 싫어하는 구릉의 무성한 잡초, 썩은 개천의 만처럼 생긴 웅덩이가 있다. 여기에는 최음성 기생충 때문에 죽은 벌들이 땅을 뒤덮는다. 성적인 흥분으로 가슴을 두근거리게 하는 역겨운 꽃이 다양한데, 그 끈적거리는 냄새는 마약처럼 사람을 취하게 만든다. 해로운 만경목(蔓莖木) 식물의 솜털은 동물의 시력을 앗아간다. 피부를 빨갛게 부어오르게 만드는 쐐기풀, 무지개 색깔의 방울처럼 생기고, 안에 부식성 재만 들어 있는 꾸루후 열매,

설사를 유발하는 포도, 쓰디쓴 꼬로소 열매가 있다.(『소용돌이』, 306)

인간이 도저히 헤아릴 수 없고, 공포를 유발하는 낯선 밀림, 삶과 죽음으로 고동치는, 흥분 상태의 밀림, 파괴적이고 야만적인 밀림이다. 심지어는 나무가 나무를 죽이기도 한다.

마따빨로[1]라는 덩굴식물, 한마디로 숲의 낙지처럼 끈적끈적한 포복성 식물이 어디서든 자신들의 섬모(纖毛)를 주변 나무의 몸통에 붙여서 자신들을 접붙이고, 고통스러운 환생을 통해 자신들을 옮기려고 나무를 교살하고 비틀어 버린다.(『소용돌이』, 305)

"고통스러운 윤회에 자신들을 옮기려고 나무를 교살하고 비틀어 버린다"는 표현에서는 리베라의 문학적·예술적·철학적 식견과 감각이 최고도에 이르렀다는 사실뿐만 아니라 리베라가 밀림을 의인화시켜 밀림과 소통하고, 밀림의 심리를 파악하는 경지에 이르렀음을 증명한다.
　개미 또한 나무를 죽인다.

바차꼬[2] 개미집은 수 경(京) 마리의 파괴적인 개미를 토해 내는데, 밀림에 망

---

1) '마따빨로(matapalo)'라는 이름에는 '빨로(palo: 목재, 몽둥이 등)'를 '마따(mata: 죽이기)' 한다는 의미가 있다. 마따빨로는 성장해 감에 따라 다른 나무에 엉겨 붙어 그 나무에서 싹을 틔우고, 그 나무를 질식시켜 죽인다.
2) '바차꼬(bachaco)' 개미는 길이가 1센티미터에 색깔이 불그스름하다. 단 몇 시간 만에 나무의 모든 잎사귀를 갉아먹어 버리는 등 농작물에 큰 피해를 입히기 때문에 공포의 대상이다.

토를 드리운 것 같은 개미 떼가 나무 잎사귀와 꽃으로 이루어진 깃발을 치켜든 채 토벌군의 기수처럼 넓은 숲길을 지나 자신들의 터널로 돌아간다. 급격하게 번지는 매독처럼 흰개미가 나무를 병들게 하는데, 간절히 퍼지고 싶은 균을 자기 몸속에 숨겨서 나무 몸통의 조직을 쏠아 먹고, 껍질을 가루로 만들어 버림으로써 나무가 살아 있는 가지의 무게를 못 이겨 갑자기 쓰러지기도 한다. 그동안 땅에도 연이은 변화가 일어난다. 쓰러진 거대한 나무 옆에서 새로운 나무의 싹이 튼다. 축축하고 더운 땅에서 생기는 독한 기운 속에서 꽃가루가 날아다닌다. 사방에서 발효할 때 생기는 김, 어스름 속에서 피어오르는 뜨거운 수증기, 죽음 같은 졸음이 번식을 위해 부유한다.(『소용돌이』, 305-306)

밀림에 서식하는 곤충의 소름 끼치게 파괴적인 속성과, 파괴의 실태를 묘사하는 장면에 등장하는 "나무 잎사귀와 꽃잎으로 이루어진 깃발"은 이 소설의 예술적·미학적 가치를 한층 높일 뿐만 아니라, 외견상으로는 공포를 유발하는 적대적인 밀림 속에 온갖 신비와 아름다움이 헤아릴 수 없이 많다는 사실을 암시한다. 여기서 한 가지 주목할 점은, 밀림에서는 모든 것이 끊임없이 소멸하고 생성되기 때문에 죽음이 새로운 생명 탄생의 전조라는 것이다. 밀림에서는 삶이 죽음으로, 죽음이 삶으로 끊임없이 순환하고, 삶과 죽음이 공존하기 때문에 밀림은 태고의 신비를 간직한 채 영원히 존속하게 된다.

아르뚜로 꼬바와 끌레멘떼 실바에게 밀림은 도저히 빠져나올 수 없는 감옥이다. 현실의 감옥과는 차원이 다르다.

노예여, 그대의 피로에 대해 불평하지 말라. 죄수여, 그대를 가두는 감옥을 고통스러워하지 말라. 그대들은 거대한 강들이 해자(垓子)처럼 둘러싼, 녹색의 둥근 천장이 덮고 있는 밀림 같은 어느 감옥에서 자유롭게 방랑하는 고문을 모르노라. 그대들은 우리가 결코 도달하기 힘든 반대편 강변을 비추는 태양을 어둠 속에서 바라보며 느끼는 고통을 모르노라! 그대들의 발목을 물어뜯는 쇠사슬이 이들 늪지의 거머리보다 더 자비롭도다. 그대들을 고문하는 간수들도 말없이 우리를 감시하는 이들 나무만큼 엄격하지는 않도다!(『소용돌이』, 285-286)

밀림에서는 '자유롭게 방랑하는 것'도 고문이고, '반대편 강변을 비추는 태양을 어둠 속에서 바라보는 것'도 고통이다.

식인(食人)적인 심연 같은 밀림은 인간을 집어삼키는 탐욕스러운 입이어서 한번 들어갔다 하면 빠져나오기 어렵고, 인간에게 엄청난 공포를 유발하는 공간이다.

'길을 잃었소.' 아주 단순하고 평범한 이 두 단어가 밀림에 울려 퍼질 때 전쟁에서 패했을 때 '각자 스스로 살길을 찾아라'라는 말과는 비교할 수도 없는 공포가 폭발한다. 그 말을 듣는 사람의 머리에는 사람을 잡아먹는 어느 지옥의 모습, 즉 굶주리고 실의에 빠진 사람들을 위턱과 아래턱 사이에 갖다 놓고 집어삼키는 어느 입처럼, 인간의 영혼 앞에 입을 벌리고 있는 밀림이 떠오르게 된다.(『소용돌이』, 321-322)

인간이 밀림에서 '길을 잃는다'는 것은 이중의 의미를 지닌다. 하나는 밀림이라는 물리적 공간에서 길을 잃는 것이고, 다른 하나는 존재론적 의미를 상실하는 것이다. 인간이 밀림을 빠져나오지 못한 채 밀림에서 길을 잃고 밀림에게 잡아먹히는 것은 인간의 심리적·도덕적 타락의 결과일 수 있다. 밀림은 인간에게 파괴를 향해 영원히 나아가는 여행을 하게 함으로써 '가고 오는 법칙'을 위반하기 때문에 밀림에서 길을 잃는다는 것은 일상의 시간·공간의 관계들을 정지시키고, 지옥 또는 죽은 자들의 나라인 저승, 즉 신화적인 세계로 들어가는 것과 같은 것이다.

그런데, 왜 라틴아메리카의 야노스, 빰빠스, 셀바스는 인간을 죽이는 특성을 가지는가? 아마도 파괴적인 힘을 지닌 이들 라틴아메리카의 자연 안에서 인간이 표출하는 탐욕이 자연이 지닌 탐욕보다 더 부정적이고 파괴적이기 때문일 것이다.

밀림은 요람이자 무덤이기 때문에 밀림에서는 모든 것이, 인류로부터 멀리 떨어진 어느 세계, 잊혀 있지만 존재하는 어느 세계에 설정된 질서에 참여하는 존재들 각자가 태어나고 죽는다. 리베라는 밀림에서 이루어지는 죽음의 의미, 죽음의 미학을 다음과 같이 표현한다.

그들이 조난당하는 극적인 광경은 뜻밖에도 너무 아름다워 내 마음을 뒤흔들었다. 그 광경은 참으로 멋졌다. 죽음은 자신의 희생자들을 대상으로 새로운 형태를 선택했다. 피를 흘리지 않고, 혐오스러운 검푸른 색깔로 몸을 변화시키지 않고 우리를 집어삼킨 것에 대해 죽음에게 고마울 정도였다. 그들의 죽음은 아름다웠는데, 그들의 존재는 물거품 속에 든 깜부기불처럼 이내 사그라졌고, 그들의 영혼은 물거품을 뚫고 솟아오르면서 물거품을 즐거움으로 들끓게 만들었다.(『소용돌이』, 218)

밀림은 인격화되고, 인간은 동물화된다. 인격화된 밀림은 인간과 대화한다. 밀림은 인간이 다른 관점에서 자연을 이해하고 자신을 성찰하도록 만든다. 리베라는 대단히 오묘하지만 그만큼 설득력 있는 은유를 통해 밀림을 정의한다. 밀림은 "침묵의 아내, 고독과 안개의 어머니"고 "번민의 대성당"이며, "거대한 묘지"다.

## 4 밀림을 통해 인간과 삶을 배운다

『소용돌이』를 밀림이 지닌 모든 것을 보여 주기 위한 소설이라고만 규정하는 것은 충분하지 않다. 중요한 점은 밀림이 세상의 은유라는 것이다. 『소용돌이』는 현대 인간이 겪는 온갖 갈등, 걱정, 고뇌, 욕망, 즉 인간이 통제할 수 없는 것, 인간의 본능, 죽음, 사랑, 섹스, 여성적인 것, 남성적인 것, 자연, 개인주의, 돈, 폭력, 권력 등을 포괄적으로 다룬다.

인간의 본능, 인간의 불완전성, 인간의 이기심은 인간이 자연을 파괴하는 것이 자연을 정복하는 유일한 방법이라고 가르쳐 왔다. 인간은 자연을 정복하는 최종 과정으로 자연을 파괴함으로써 자신이 원하는 것을 얻으려고 시도한다. 이 세계는 우리가 소유하도록 우리에게 주어진 것이기 때문에 우리가 이 세계를 파괴할 수도 있다는 허무맹랑한 논리를 내세우지만, 이는 우리가 우리에게 부여된 자유를 악(오, 남)용한 경우라 할 수 있다. 타자, 환경, 생태가 우리에게 이롭든 해롭든, 우리가 이들을 마음대로 이용하고 해를 끼치는 것은 나약한 인간이 두려운 것, 낯선 것, 불가해한 것 앞에서 내놓을 수 있는 유일한 대답일 수도 있는데, 이는 인간이 지닌 모순과 한계를 역설적으로 증명한다. 파괴를 옹호하는 자는 바로 문명화된 인간이다.

『소용돌이』는 인간이 자연을 착취함으로써 진보, 발전, 생산, 재생산 등을 이루는 것이 과연 옳은 것이냐 하는 문제의식을 드러내고 대안을 제시하는 소설이다. 『소용돌이』를 통해 아마존의 밀림을 상상하고, 체험하고, 느끼고, 이해하고, 배우고, 묘사하는 방법을, 인간과 자연의 관계를 새롭게 해석하고 설정하는 방법을 배울 필요가 있다.

제 3 장

# 아스떼까 문명,
# 호수를 이용한 치남빠스 농사 이야기*

장수환

---

* 이 글은 「아스떼까 시대 농업과 물관리를 통해 본 취약성과 적응」(『중남미연구』, 제39권 3호, 2020.8)을 보완하고 재구성하여 작성했다.

# 1 아스떼까 문명과 농업

　농업은 지형과 기후를 포함한 자연 지리적 요소에 크게 영향을 받는다. 자연을 이용한 특이한 농업 방식은 세계 여러 지역에서 오랜 역사를 거치면서 발전해 왔다. 아시아의 경우 1995년 유네스코 세계문화유산으로 지정된 필리핀의 코르디예라스(Cordilleras)를 예로 들 수 있는데 이는 대규모 계단식 논으로 해발 1000-1500미터 고지에 있다. 안데스 지역에서는 감자를 재배하기 위해 계단식 농법을 이용했다. 동아시아나 중앙아시아 등 주요 문명 지역에서 볼 수 있는 것과 마찬가지로 라틴아메리카 고대 문명 지역 또한 주로 물에 대한 접근이 쉬운 지역에서 발견되었다. 잉까 제국(Incas)은 제국의 경계이기도 한 아마존의 본류 중 하나인 아뿌리막(Apurimac) 강을 이용했다. 잉까의 수도 꾸스꼬(Cuzco)는 까야오까치(Cayaocachi) 강 근처에 있으며, 잉까의 도시들은 뚜유마요(Tullumayo) 강과 우아따나이(Huatanay) 강을 이용했다.

농업과 물의 관리는 이미 고대부터 가장 중요한 정주지 요소였다. 멕시코 중부에 아스떼까 이전 고대 도시가 들어서 있던 떼오띠우아깐(Teotihuacán)에서는 침수된 평야 지역에 배수로를 만들었고, 범람한 물은 산록이나 고원 지역에 관개하기 위해 모아 두었다. 산 후안(San Juan) 강물을 끌어와 인공 수로를 통해 떼오띠우아깐의 중심까지 끌어와서 그 물을 주민에게 공급했다. 기원후 600년 이후 떼오띠우아깐과 메소아메리카의 다른 지역과의 무역은 감소하기 시작했고 인구도 줄어든다(Headrick, 2019: 81). 기원후 700년경에 도시의 중심과 부유했던 인근 지역이 화재로 소실되는데 이러한 대규모 파괴의 원인은 알려지지 않았다. 아마도 산림 황폐화로 인해 농지의 침식과 미사 퇴적(silting)이 대규모로 일어났거나, 가뭄이 이 지역의 농업을 황폐화했을 것이라는 가정이 있을 뿐이다. 그리고 뒤이어 폭동이나 침략이 결정적인 영향이었을지도 모른다.

메소아메리카 후고전기(Postclassic period)인 1325년에 지금의 멕시코에서는 아스떼까 제국(Aztec empire)이 세워졌는데 떼스꼬꼬(Texcoco), 뜰라꼬빤(Tlacopan), 그리고 메히꼬 떼노츠띠뜰란(Mexico-Tenochtitlan)의 삼각 동맹(Triple Alliance)으로 이루어진 제국이었다. 아스떼까 문명을 꽃피웠던 멕시코 고원(Valle de México)은 최소 해발 2200미터의 고지로 사람이 살기에는 쾌적했지만, 농사를 짓기에 기온, 토양, 강우 조건이 우호적인 장소는 아니었다. 농사에 부적합한 조건에서, 이곳에 모여든 많은 아스떼까인을 부양할 수 있었던 것은 그 열악한 농업 환경을 극복한 특이한 농법인 치남빠스(Chinampas) 덕분이었다. 멕시코 고원의 연중 강수량은 평균 800밀리미터였으며, 계절적으로 강수 패턴이 달라졌는데 5월부터 10월에 걸친 우기에 주로 비가 왔고, 특히 6-8월에 강수량 대부분이 집중되었다. 월평균 기온은 5월이 가장 높았고, 1월에 가장 낮은 온도를 보였다. 10월에서 3월 사이에는 서리가 내리기도 했는데 이는 이곳에서 자라는 다양한 작물에 해로운 영향을 미쳤다. 고원의 선선한 온도와 건기 우기의 연중 강우 패턴은 농사를 짓는 데 좋은 환경은 아니었다. 이러한 자연환경에서 아스떼까 인들이 이용한 치남빠스 농법은 호수에 떠 있는 농경지들에서 농사를 짓는 방식이었기 때문에, 치남빠(Chinampa) 사이의 호수 물은 농경지의 기온 상승에 주요한 기능을 했다. 치남빠를 잇는 수로는 건조한 경작지보다 기온을 섭씨 6.3도까지 올리는 기능을 했다고 한다(Arco & Abrams, 2006: 909). 치남빠스 체계가 이 지역의 농업 기후에 미친 영향에 대한 미기후(Microclimate) 관련 연구도 흥미로운데, 치남빠스 체계의 수로 덕분에 고원 지대에서 서리로 인한 작물 피해를 줄일 수 있었다고 한다. 이러한 효과는 치남빠스 부지를 호수 바닥에 고정하기 위해 가장자리에 심은 나무가 무성해지면서 일종의 덮개(canopy)가 형성되어 바람을 막아 주고 따뜻한 공기가 유지될 때 더욱 커졌다. 그러나 기온 상승 효과는 수로의 가장자리에서 치남빠스 경작지까지의 거리가 증가함에 따라 감소했다(Arco & Abrams, 2006: 909).

아스떼까 농업의 주요 작물은 옥수수였다. 옥수수는 열대 저지에서 높은 고원에 이르기까지 아스떼까의 곳곳에서 잘 자랐다. 낮은 고도에서는 일 년에 두 번의 옥수수 경작이 가능했으나, 상대적으로 고도가 높은 멕시코 고원에서는 일 년에 한 번의 수확만이 가능했다. 멕시코 고원의 바깥 지역인 열대 지역은 가뭄과 계절적 서리가 드물었기 때문에 주로 과일, 카

카오, 면화를 재배했다. 그러나 불행히도 아스떼까에서는 가뭄이 종종 발생했다. 1450년에서 1454년 사이에 있었던 심한 가뭄은 멕시코 중부에 수많은 기아를 초래했다고 전해진다(Aguilar-Moreno, 2007: 318-321).

호수로 둘러싸인 수도 떼노츠띠뜰란은 작물을 재배하여 식량을 공급하는 데에 자연적인 한계가 있었다. 앞서 말한 고원 지역이라는 점 외에도 아스떼까인이 이용하던 이 호숫물에는 염분이 포함되어 있었다. 따라서 이 호수는 결과적으로는 치남빠스가 행해진 장소였지만, 그 물의 농업적 이용은 한계를 내포하고 있었다. 염분이 포함된 호수를 이용한 농업과 생활용수 공급, 그리고 호수에서의 오염물질 관리는 현대 사회에서도 쉽지 않은 문제일 것이다.

아스떼까인들은 호수로 둘러싸인 제약을 오히려 적극적으로 활용하여 치남빠스 농업 체계를 만들었다. 물론 치남빠스 농업만으로 아스떼까 인들이 필요한 식량을 얻을 수 있었던 것은 아니었다. 떼노츠띠뜰란이 주변 도시국가로부터 공물을 받았는데, 그 목록에는 매년 옥수수, 콩, 치아(chia), 아마란스(amaranth) 등 대략 9,120톤 정도의 식량을 들여왔다고 한다. 떼스꼬꼬, 뜰라꼬빤, 기타 동맹 도시국가들도 대량으로 곡물을 들여오는 국가였다. 떼스꼬꼬로 들어오는 식량 공물은 이스뜰리소치뜰(Ixtlixóchitl)에 기술되어 있는데, 떼스꼬깐(Texcocan)으로의 유입량에는 옥수수 63만 3,000리터, 콩 7만 6,000리터가 포함되어 있었다. 이는 아스떼까 삼각 동맹국의 식량을 주변의 도시국가들이 공급했다는 것인데, 주변 도시국가에서 농업 잉여물을 생산했다는 의미로도 볼 수 있다(Bray, 1972: 168-169). 그러나 그렇다고 해서 치남빠스의 식량 공급량을 무시할 수는 없다. 기록에 의하면 대략 1428년 이후, 약 12,000헥타르에 달한 치남빠스 면적에서 아스떼까 수도인 떼노츠띠뜰란의 인구 절반의 식량을 공급했다(Morehart, 2012: 2543).

## 2 여러 개의 호수와 치남빠스

### (1) 여러 개의 호수

멕시코 고원은 산들로 둘러싸인 지역으로 현재는 인공 수로인 뚤라(Tula) 강으로 배수되지만, 원래 자연적으로는 물의 출구가 없다는 특징이 있었다.

멕시코 고원은 여름과 초가을 동안의 강우로 고원 면적의 약 4분의 1이 얕은 물로 덮였다. 멕시코 고원에 비가 거의 내리지 않는 건기에는 물이 줄어들어서 호수는 몇 개의 작은 호수로 분리되었다. 건기의 지속과 우기의 강우량에 따라 보통은 3-6개의 호수로 구분되었다(Headrick, 2019: 80; Aguilar-Moreno, 2007: 57). 건기에는 주로 5개 호수로 분류되어 나타났다고 하는데 북부의 숨빤고(Zumpango)와 살또깐(Xaltocán), 중부의 떼스꼬꼬, 남부의 소치밀꼬(Xochimilco)와 찰꼬(Chalco) 등의 호수를 형성하면서 물이 빠졌다. 그러나 문헌 자료에 따라서는, 아스떼까인들은 멕시코 고원의 호수를 주로 3개, 즉 찰꼬, 떼스꼬꼬, 살또깐으로 크게 분류했다고도 한다.

멕시코 고원의 강은 남부에서부터 찰꼬, 소치밀꼬 호수를 형성하고 더 나아가 더 넓은 흐름을 유지하면서, 상대적으로 깊고 염분을 포함하는 떼스꼬꼬 호수로 흘러들어 갔다. 그리고 북부로 더 멀리 이동하면서 숨빤고와 살또깐 호수로 이어졌다. 떼스꼬꼬 호수는 가장 낮은 고도에 위치하여 수심이 가장 깊었고, 다른 호수로부터 이 호수로 물이 흘러들어 왔다(Adams, 2005: 390; Aguilar-Moreno, 2007: 57). 멕시코 고원의 호수에는 멕시코 고원의 유역으로부터 들어온 영양물질도 풍부했지만, 이 지역에 풍부한 화강암 구성 성분인 장석(feldspar)의 영향을 받아 칼륨과 나트륨을 함유했다(Cohen, 1974: 505).

물로 둘러싸인 떼노츠띠뜰란은 다른 부족의 공격으로부터 도시를 방어하기에는 쉬웠지만 농사를 짓기에는 좋은 장소가 아니었다(Lim, 2017: 258-259). 또한, 호수의 물에 포함된 염분과 우기의 범람은 이 도시를 위태롭게 하는 요소이기도 했다. 아스떼까인은 수로를 건설하여 물길을 돌리기도 하고 필요한 물을 끌어오기도 했다. 그뿐만 아니라 지역 특성상 농업적 한계에도 불구하고 아스떼까는 농업에 기반한 문명을 이루었고, 특히 호수에서 행해진 생태와 농업을 연계한 치남빠스 방식은 지금까지 영양물의 자연 순환 체계로 인정받고 있다.

멕시코 고원의 습지 섬에 만든 수도 떼노츠띠뜰란을 둘러싼 호수는 염분을 포함한 기수와 담수로 이루어져 있었고, 정기적인 범람은 이 지역의 거주와 농업을 위태롭게 한 요인이었다. 이를 극복하기 위해 도시국가가 행한 방법이 범람 시 배출을 위한 배수로, 염분을 포함한 기수의 영향을 완화하기 위한 담수로, 그리고 얕은 호수에서의 치남빠스 체계였다.

## (2) 호수별 특징

### 1) 찰꼬– 소치밀꼬 호수

찰꼬와 소치밀꼬 호수는 자연적인 경계는 없었으며, 주로 하나의 수계로 간주했다. 수심은 0.8-3.0미터에 이르렀으며, 호수 대부분은 0.8-1.2미터 정도였다. 두 개의 호수로 분리되는 것은 건기에 형성되는 작은 늪에 의해서였다.

삼각 동맹이 형성된 1428년 이후 호수 남부의 소치밀코는 아스떼까 제국의 확장을 위한 첫 전략지 중 하나였다. 이 시기 이전에 농부들은 자신들의 집이나 공동체 인근의 소치밀꼬와 찰꼬 호수에 소규모의 치남빠스를 운영했다. 이 지역이 아스떼까 제국으로 편입된 이후에 치남빠스 농업은 더욱 확장되었다(Morehart, 2016: 185). 물론 치남빠스 외에도 화전, 계단식 농업 등을 다양하게 이용했었다(Wilken, 1990: 85).

멕시코 고원의 호수 남동부인 찰꼬 호수에서 치남빠스가 시작되었다는 주장도 있다. 그 이유는 이 지역이 서리가 내리는 날이 거의 없고, 다른 지역에 비교해서 강우량도 상대적으로 더 많은 데다가, 염분이 포함되어 있던 떼스꼬꼬, 살또깐, 숨빤고와 달리 찰꼬-소치밀꼬 호수는 담수였기 때문에 치남빠스에 적합한 환경이었다(Adams, 2005: 396-397). 찰꼬-소치밀꼬 호수는 약 3미터의 수심 차이로 인해 떼스꼬꼬 호수로 배수되었으며, 그러한 차이로 인해 떼스꼬꼬와는 달리 담수를 유지할 수 있었다. 이 외에도 찰꼬-소치밀꼬 호수로 들어오는 수원으로부터 물이 계속 들어와서 담수 상태가 유지되었다. 소치밀꼬 호수의 남부 지역에 있는 수원으로부터 공급되는 담수는 화성암에 의해 여과되어 호수 바닥으로 유입되어

〈그림 1〉・스페인의 아스떼까 정복 당시의 치남빠스와 제방의 분포.
출처: Ulijaszek et al., 2012: 242.

들어왔기 때문에 침전물의 비율이 매우 낮았다. 찰꼬 호수 주위의 충적 평야는 농업에 유리했고 야생 생태계를 유지하는 데 도움이 되었지만, 습지와 같은 특성은 정주나 농업을 방해하는 요소였다(Arco & Abrams, 2006: 908-909).

아스떼까인들은 호수 수위가 높아지는 시기에는 염분이 든 기수인 떼스꼬꼬 등 중북부 호수의 영향으로부터 담수인 소치밀꼬와 찰꼬 호수를 보호하기 위해 물의 흐름을 막는 제방을 짓기도 했다(Rivera & Guerrero, 2008: 10). 1420년경 남부 호수의 인근 원주민들은 담수를 보호하기 위해 둑길을 쌓아 올렸다. 약 3.2킬로미터 길이의 이 둑은 우이뜨사치뜰란(Huitxachtitlan)에서 시작해 우아뜨시로뽀츠꼬(Huitzilopochco)에 걸쳐 있었다. 이 제방은 떼스꼬꼬로 자연적인 배수를 가능케 했고 배가 드나들 수 있도록 개폐가 가능한 제방이었다. 홍수철에는 제방을 닫아서 치남빠스 지역을 보호했다(Mundy, 2015: 35). 현재는 떼스꼬꼬 부분에만 제방이 일부 남아 있는 상황이다.

〈그림 1〉은 스페인의 아스떼까 정복 당시의 치남빠스 분포를 나타낸다. 이 지도상에서 보면 숨빤고 호수를 제외한 살또깐, 떼스꼬꼬, 소치밀꼬, 찰꼬 호수에서 치남빠스가 행해진 것을 확인할 수 있다. 특히 소치밀꼬에서 찰꼬의 남단인 미스꾸익(Mizquic)까지 치남빠스 구역이 광범위하게 분포하고 있었다고 한다(Wilken, 1990: 85). 또한 꼬르떼스(Hernán Cortés)에 의하면 소치밀꼬에는 수송용 수로가 있었다고 한다(Cohen, 1974: 505).

## 2) 떼스꼬꼬 호수

떼스꼬꼬 호수는 중앙부의 호수이면서, 수도인 떼노츠띠뜰란을 둘러싼 호수였다. 떼스꼬꼬 호수는 다른 호수에 비해 물이 깊고, 물살은 거친데다가 염분을 포함하여 치남빠스를 조성하는 데에는 적합하지 않은 지역이었다. 이 호수의 가장 깊은 부분인 동부 가장자리로 배수하는 강물에 의해 미네랄이 풍부했다. 떼스꼬꼬 호수의 북쪽과 남쪽에 있는 호수의 물역시 떼스꼬꼬로 흘러들었다. 특히 이 호수의 동쪽 깊은 곳으로는 염분을 포함한 물이 계속 들어가 농도가 높아졌고, 담수는 이 염분이 포함된 기수위에 위치했다. 그러나 다행히도 호수의 서쪽은 수위가 낮고 대부분 담수였다. 특히 이 서쪽은 물이 얕으며 다양한 식물들이 자라는 늪 형태도 나타났기 때문에 치남빠스 농업에 적합한 장소였다. 그러나 13세기 멕시코 고원에 아스떼까 인이 도착하기 전에는 인구 압박에도 불구하고 농사용으로 광범위하게 이용된 적이 없었다. 왜냐하면, 이 호수의 동쪽 지역에서부터 염도가 높은 물이 서쪽으로 정기적으로 범람했고 호수의 서쪽 지역에 조성한 농지를 관통하면서 작물과 토양을 황폐화시켰기 때문였다. 그뿐만 아니라 좀 더 심각한 문제는 수위의 변동 폭이 컸다는 점이다. 떼노츠띠뜰란이 위치한 떼스꼬꼬 호수 서부의 만입부에서 들어오는 물에 의해서 발생하는 극심한 수위 변동 문제를 해결하기 전까지는 이 지역에 광범위한 치남빠스를 개발하기는 어려웠다(Adams, 2005: 396-398; Pezzoli, 2000: 123-124).

떼노츠띠뜰란이 위치한 떼스꼬꼬 호수 서부의 만입부로 유입되는 물에 의한 수위 변동 문제를 해결하게 된 것은 삼각 동맹으로 이뤄진 아스떼까 제국에서 떼노츠띠뜰란이 주요 권력을 차지하면서부터였다. 그들은 15세기 중반 떼스꼬꼬 호수를 가로질러 제방을 건설했다. 네사우알꼬요뜰(Nezahualcoyotl)의 떼스꼬깐 왕의 지휘하에 토목 기술자들은 서부의 만입부를 차단하는 긴 제방을 만들었다. 이 토목 공사를 통해 아스떼까인들은 떼스꼬꼬 호수의 동부에서 서부로 들어오는 범람 문제를 효과적으로 통제할 수 있었다.

또한, 아스떼까인들은 인공 수로를 만들어 담수를 끌어와서 치남빠스 농업과 가정용으로 이용했다. 차뿔떼뻭(Chapultepec)으로부터 떼노츠띠뜰란 도시 중심부에까지 수로를 통해 담수를 끌어온 것이다. 연대 기록에 의하면 이 수로는 13세기부터 건설하기 시작하여 1466년에 완성되었다. 후에 아스떼까는 꼬요아깐(Coyoacan)의 왕의 조언에도 불구하고 꼬요아깐으로부터 신선한 물을 좀 더 끌어왔다. 그러나 그 때문에 아스떼까 도시는 심각한 홍수로 오히려 고통을 받았다.

아스떼까인은 제방, 인공 수로 등 다양한 방법을 동원하여 농업과 생활에 필요한 물을 관리하고자 했다. 15세기 중반 떼스꼬꼬 호수를 가로질러 제방이 건설된 이후에 떼노츠띠뜰란과 그 인근의 도시들은 현저하게 확장되었다(Pezzoli, 2000: 123-124).

### 3) 살또깐 호수

살또깐은 호수의 이름이기도 하지만 호수의 북부에 세워진 정주지 이름이기도 하다. 이 지역은 호수 서쪽의 꾸아우띠뜰란(Cuautitlan)과의 전쟁 이후 13세기에 버려졌다가 나우아(Nahua) 원주민들이 들어와 14세기 말까지 살았다. 14세기 말, 이 도시는 아스까뽀살꼬(Azcapotzalco) 도시국가에 의해 정복되었고, 15세기에는 아스떼까 제국에 흡수되었다. 13세기에서 14세기의 독립 시기 동안 이 도시의 농업 토대는 그 주위에 있는 치남빠스 경작지였다. 특히 염분으로부터 치남빠스를 보호하기 위해, 세로 치꼬나우뜰라(Cerro Chiconautla)와 꾸아우띠뜰란 강의 수원으로부터 인공 수로를 통해 담수를 끌어왔다. 아스떼까 제국 후기에 이 수로 체계는 쇠퇴했는데, 이유는 세로 치꼬나우뜰라와 꾸아우띠뜰란 강 물길을 북쪽 지역으로 돌려 계단식 농업을 하면서 관개용으로 이용하다 보니 유량이 줄었기 때문이었다(Cordova, 2018: 180; Morehart & Frederick, 2014: 534).

살또깐 호수는 치남빠스 농업의 또 다른 시작점으로도 알려져 있다. 호수 바닥의 퇴적물에 관한 한 연구에서는 멕시코 고원의 다른 호수보다 살또깐 호수에서 일찍이 치남빠스가 시작된 것으로 주장했다

(Cordova, 2018: 180). 기록에 의하면 아스떼까 제국에서 맹주였던 메시까 (Mexica)인들은 이미 12세기 말에 살또깐에서 치남빠스를 목격했다고 한다(Morehart, 2012: 2543).

또 다른 자료에 의하면 이 호수에서 13세기에 치남빠스를 짓기 시작했고 아스떼까 시기의 치남빠스에 대해 알려진 것들은 이 살또깐 호수에서 적용된 모델이었다는 것이다. 살또까메까스(Xaltocanmecas)인들이 살또깐 호수에 재정착하는 데에는 아마도 그들이 치남빠스 체계를 유지하는 데 이 호수의 가장자리가 적당했기 때문이었을 것이다. 그러나 살또깐 호수는 염분을 포함한 물이었다. 따라서 이 지역에서 치남빠스를 만들기 위한 첫 번째 단계는 치남빠스 경작지에서 염분을 제거하는 것이었다(Candiani, 2014: 20). 1980년대 말 살또깐의 치남빠스 연구에서 항공사진으로 치남빠스와 수로의 형태를 확인했는데 치꼬나우뜰라의 오숨비아(Ozumbilla) 수원으로부터 50-80미터 규모의 수로를 통해 치남빠스까지 물을 이동시키던 것으로 확인되었다(Morehart, 2012: 2544). 수로의 물을 끌어와 염분을 제거하는 작업은 건기에 시작했다. 건기에 원주민들은 치남빠스가 우기 동안에도 수위보다 높이 유지될 수 있도록 호수 바닥 위에 울타리를 두르고 경작지를 만들었다. 울타리가 쳐진 바닥에 두 개의 인공 수로를 만들었다. 이 수로를 통해 약 7킬로미터 떨어진 치꼬나우뜰라(Chiconautla)의 오숨비야의 샘으로부터 끌어온 담수를 울타리로 봉쇄된 땅에 채워서 염분을 제거했다. 일단 토양에서 염분이 제거되면, 그 위에 치남빠스를 만들 때 이용하는 다양한 재료로 층을 쌓아 올려 경작지를 만들었다. 16세기 스페인 군대가 이 지역에 도착했을 때 살또깐 치남빠스 지역은 2제곱킬로미터에 이를 정도로 늘어났다. 1428년에 살또깐 지역이 떼노츠띠뜰란의 통제로 들어가면서 떼노츠띠뜰란은 더욱 확장되었다(Candiani, 2014: 20). 다른 연구에서는 살또간 치남빠스 면적이 그동안 보수적으로 제시되었다며 적어도 4-5제곱킬로미터였다고 주장한다(Morehart, 2012: 2544).

### 4) 숨빤고 호수

숨빤고는 멕시코 고원의 가장 큰 강인 구안띠뜰란(Guantitlan)에서 물이 들어왔다. 숨빤고는 제방에 의해 두 개로 나뉘어 있었다. 동쪽은 꼬요떼뻭(Coyotepec) 호수였고 서쪽은 시뜰알떼뻭(Zitlaltepec) 호수였다(Gordon, 1832: 20: Long, 1841: 171). 이 호수는 출구가 없어서 비가 많이 내리면 숨빤고 호수와 살또간의 남쪽 호수(산 끄리스토발 호수) 사이인 떼스꼬꼬 호수 입구 지역으로 범람했다. 숨빤고 호수는 떼스꼬꼬와 살또간 호수와 마찬가지로 일반적 담수보다 염도가 높은 물이었다(Poinsett, 1824: 93: Cordova, 2018: 180). 떼스꼬꼬와 살또간 호수와 마찬가지로 숨빤고 호수는 염분을 포함한 기수였다. 이러한 염분 문제와 계절적인 범람 및 수위 변동을 통제하기 위해 인공 수로를 통해 물길을 돌렸다. 호수 수위가 낮아서 경작지를 만드는 것은 어렵지 않았다. 염분이 없는 한 수로로부터 올린 침전물은 영양분이 풍부했다. 떼스꼬꼬 동부로부터 들어오는 기수의 유입을 막기 위해 제방을 만들었고, 서부로부터 들어오는 강물에서 담수를 공급받았다(Cordova, 2018: 180).

## (3) 치남빠스

### 1) 치남빠스의 형성

위치의 특성에 따라 치남빠스는 각기 다른 모습으로 만들어지기도 했지만, 공통적으로 적용되는 기본 요건이 있었다. 치남빠스 농업에서 가장 중요한 기본 요소 중 하나는 적당한 수위이다. 수위 변동이 크면 치남빠스에 적합하지 않았다. 수위에서 약간의 변동이 있는 얕은 수위가 치남빠스에 최적의 환경이었으나 이와 동시에 안정적인 온도와 식물이 자라는 데 필요한 요소들이 유입될 만큼의 충분한 물 순환이 있는 곳이어야 했다.

또한, 치남빠스를 만드는 데 이용하는 토양으로는 입도(granularity)와 점토(clay) 함량에서 특정 한계를 초과하지 않는 침적토(silts)가 적당했다. 무엇보다 홍수나 큰 강우 때에 이로 인한 침식으로부터 토양 유실을 방지하거나 치남빠스의 물리적 형태를 잘 유지하는 데 꼭 필요한 뿌리와 줄기 식물을 구하기 쉬운 지역이 치남빠스 농업에 적합한 곳이었다.

치남빠스에는 실트와 식물 잔재, 그리고 분뇨는 물론 수로의 바닥에서 올린 진흙을 보태어 만들었다. 주변 수로의 물을 이용했기 때문에 그 속에 포함된 유기물질 덕분에 치남빠스의 토양은 비옥할 수 있었다. 그 부지를 말뚝과 덩굴 또는 나뭇가지들로 에워싸고 가장자리에 버드나무를 심었다(Candiani, 2014: 20).

농부 대부분은 자신의 집 근처에 2-3개의 치남빠스를 소유하고 있었다. 농부들은 정기적으로 치남빠스의 높이를 보강했다. 호수의 바닥으로부터 영양분이 풍부한 진흙과 침전물, 그리고 부식물을 끌어 올려서 기존

〈그림 2〉· 소치밀꼬의 수로와 오른쪽의 치남파스의 풍경(2015).
출처: https://upload.wikimedia.org/wikipedia/commons/f/f2/Paisaje_del_canal_y_chinampas_en_Xochimilco.JPG

치남빠스에 이를 보태었다. 이로 인해 치남빠스는 호수 수위보다 높게 유지되었고 식물이 성장하는 데 필요한 요소들을 얻을 수 있었다. 아스떼까인은 치남빠스를 확장하여 영토를 8제곱킬로미터나 더 넓혔다고도 전해진다(Lim, 2017: 258-259).

치남빠는 그 주위의 3-4면을 둘러싼 수로보다 1미터 이상 높지 않았기 때문에 우기에는 식물의 모세관 작용으로 물을 끌어올릴 수 있었다. 건기에는 농부들이 직접 물을 퍼올려 경작지에 물을 대었다(Headrick, 2019: 80). 치남빠스 가장자리는 버드나무(Salix bonplandiana)와 사이프러스 나무(Taxodium mucronatum)를 심어서 그 나무의 뿌리가 치남빠스를 호수 바닥에 단단히 고정할 수 있도록 했다(Turcios & Papenbrock, 2014: 839).

치남빠스는 특이한 농업 형태로 유명하지만 치남빠스 체계를 통해 어

류도 기를 수 있었다. 치남빠스 사이의 수로를 카누로 이동하면서 물고

기를 길렀다. 수로에서는 양식으로 어류, 물새, 아소로뜰(axolotl, 도롱뇽)

을 길렀다. 돼지, 닭, 오리와 같은 가축은 치남빠스에서 경작 중에 나온 농

업 부산물을 먹였다. 동물의 분뇨는 수로에 저장했다. 수로로부터 올려진

유기성 물질은 치남빠스 경작지에 비료로 이용했다(Ulijaszek et al., 2012:

242-243). 이 경작지에서의 작물 생산성은 매우 높아서 다른 경작지와 비

교하면 1년에 4-7배 높았다고 한다(Turcios & Papenbrock, 2014: 839). 영

양물을 자연스럽게 순환시키는 이러한 방법으로 호수는 과도한 영양분에

의한 부영양화를 막을 수 있었고, 치남빠스 부지에는 외부로부터 물질의

유입을 최소화할 수 있었다. 치남빠스는 현대인들이 흔히 말하는 순환경

제의 특징인 외부 유입량 최소, 환경에 부정적인 배출 최소, 영양물질 순

환 체계를 이미 갖추고 있던 셈이었다(표 1).

〈표 1〉 치남빠스와 주변 사이의 물질 이동

| 구분 | 외부 → 치남빠스 | 치남빠스 → 외부 |
|---|---|---|
| 외부 유입량 최소 | 동물성 분뇨 등 유기성 폐기물 | 농업 및 어류 생산물 |
| 부정적인 배출 최소 | 외부로부터 유입된 유기성 폐기물을 경작지에 이용 | 치남빠스에서 발생된 유기물은 비료로 경작지에 공급 |
| 영양물질 순환 체계 | 호수의 퇴적 영양물질을 농경지에 공급 | 호수와 농경지 사이의 영양 순환으로 부영양화 방지 |

## 2) 재배작물

아스떼까인은 식량이 되는 작물뿐 아니라 생활에 필요한 면화와 고무나무 등도 재배했다. 아스떼까 인은 모판에 아마란스, 고추(chili peppers), 토마토, 콩, 꽃들을 발아시켜서 이미 조성해 놓은 치남빠스 위에 옮겨 심었고, 주요 식량인 옥수수도 심었다. 옥수수는 아스떼까에서 가장 흔한 작물로서 말려서 장기간 저장하여 이용할 수 있었고, 가루로 만들어 다양한 음식을 만들 수 있는 유용한 식량이었다. 호박도 아스떼까의 중요한 작물이었다. 호박 씨앗은 단백질 공급원이었다. 박(bottle gourd)도 재배했는데, 박의 속은 음식으로 이용하고 그 껍질로 용기를 만들었다. 콩은 단백질을 공급할 수 있는 작물로 치남빠스에서 일상적으로 볼 수 있는 작물이었다. 아스떼까 농부들은 아보카도, 토마토, 구아바 등도 재배했으며, 식량 목적이 아닌 일용품 생산 목적으로 면화와 고무나무 등을 재배하여 의류나 라텍스 볼(latex balls) 등 필요한 물품을 만들어 사용했다. 호수와 수로는 치남빠스 농업에도 중요했지만, 해산물 공급처이기도 했다. 심지어 아스떼까 인들은 호수에서 번성한 조류 일종인 스피룰리나(spirulina)도 식량으로 이용했다고 전해진다.

아스떼까인들은 농업에 관한 지식에 따라 농업 노동력을 농부와 전문 원예가로 나누었다. 농부는 일반적으로 토양 준비, 잡초 제거, 괭이질, 씨뿌리기, 관개, 수확, 저장과 같은 일반적인 작업을 담당했다. 이에 비해 원예가는 씨앗과 재배 과정에 대한 전문적인 지식을 가지고 있었고 한해 수확은 원예가의 식견에 달려 있었다. 그들은 생산에 필요한 윤작과 작부 순서에 대해 알고 있었고, 씨뿌리기와 수확의 적합한 때를 정하기 위해 당시의 달력이라 할 수 있는 또날아마뜰(tonalamatl)을 이용했다. 강우, 경작,

작물에 대한 다양한 지식뿐만 아니라, 〈표 2〉에서 보는 바와 같이 매우 세부적으로 토양을 분류했고 이를 농업에 이용했다.

〈표 2〉 토양 분류

| 토양 분류 | 특성 |
| --- | --- |
| 아또치뜰리(Atoctli) | 기름진 충적 토양 |
| 꾸아우뜰야이(Cuauhtlalli) | 부식토 또는 썩은 나무 잔재가 풍부한 토양 |
| 뜰알꼬스뜰리(Tlalcoztli) | 곱고 기름진 적황색 토양 |
| 살라또츠뜰리(Xalatoctli) | 사질의 충적 토양 |
| 뜰라소야이(Tlahzollalli) | 썩은 재료로 영양물이 풍부한 토양 |
| 사야이(Xallalli) | 척박한 사질 토양 |
| 떼소꾸이뜰(Tezoquitl) | 단단한 점토질의 어두운 토양 |

출처: Aguilar-Moreno, 2007: 319-321.

## 3 멕시코 고원의 강과 호수의 이용

아스떼까인들은 호수를 이용한 농법인 치남빠스를 이용했고 제국은 더욱 번성했다. 이들이 이용한 멕시코 고원의 호수는 그 고원에서 흘러오는 강과 이어져 있었다. 멕시코 고원의 북서쪽 사분면에 있는 꾸아우띠뜰란 강은 아스떼까 인들에게 가장 큰 영향을 미친 강이었다. 나우아뜰로 작성된 고문서의 번역서인 『로스 아날레스 꾸아우띠뜰란(*Los Anales de Cuauhtitlán*)』에 의하면 꾸아우띠뜰란 강은 떼뽀초뜰란(Tepotzotlan) 강의 상류 인근에서 발원하여 동쪽인 살또깐 호수로 들어갔었는데, 나중에는 인공 수로를 통해 이 물줄기가 북쪽으로 돌려졌다. 이 강은 호수의 전반적인 수위에 영향을 미쳤지만, 지리적 특성상 숨빤고 호수의 수위에는 간접적인 영향을 미쳤을 뿐이다(Doolittle, 2011: 117).

아스떼까인들은 이 강의 물줄기 방향을 바꾸고 방대한 관개망을 유기적으로 연결하여 그들의 열악한 물 환경을 변화시켰다. 이미 그들은 지역의 지형과 수문에 대한 전문적 지식을 가지고 있었던 것으로 보인다. 꾸아우띠뜰란 강의 변경은 스페인이 이 지역을 정복한 후 배수 프로젝트에 결정적인 역할을 했다. 아스떼까 인들의 이전 지식과 산물이 없었다면 이 지역의 배수는 불가능했을 것이다. 꾸아우띠뜰란 강은 건기에는 수위가 낮아지긴 했어도 일년 내내 흘렀다. 『로스 아날레스 꾸아우띠뜰란』에 따르면, 이 강의 물길을 변경하는 댐은 스페인 군대가 도착하기 이미 오래전에 꾸아우띠뜰란 강의 둑에 거주했었던 꼴우아(Colhuas)인이 만든 것이었다. 이곳은 일년의 대부분이 살기 좋은 마을이었지만 우기에는 종종 물이 범람하여 마을이 침수되었고, 그 물은 지형 특성상 동부와 남동부 지역 충적평야를 흘러 떼스꼬꼬 호수로 배수되었다. 마을 침수를 막기 위해 꼴우아인들은 꾸아우띠뜰란 강의 흐름을 두 개의 물줄기로 나눠서 흘러가도록 했다(Candiani, 2014: 20-21). 찰꼬의 경우는 동쪽에 있는 뜰라마날꼬(Tlaamanalco)와 아메까메까(Amecameca) 강으로부터 물이 들어왔다(Arco & Abrams, 2006: 908-909).

아스떼까인은 도시에 신선한 물을 공급하기 위해 이중으로 된 송수로를 민들었다. 범람을 막기 위해 물길을 돌리고, 염분이 포함된 기수가 담수와 혼합되는 것을 막기 위해 제방을 쌓았다. 또한, 담수를 끌어와 기수의 영향을 감소시키기도 했다. 특히 떼스꼬꼬 호수 대부분은 염분을 포함한 기수였기 때문에 정교한 수로와 수문을 만들어 염도가 높은 동쪽과 비교적 염도가 낮고 수심이 얕아서 치남빠스에 양호한 서쪽 지역을 분리했다. 네사우알꼬요뜰 인공 수로(Nezahualcoyotl)는 만입 부분의 담수 지역과 호수의 기수를 분리하는 역할을 했다. 아스떼까인의 기술과 노력의 결과로 십오만 명 이상으로 인구가 증가했고 그 당시 오스만제국의 이스탄불(Istanbul)을 제외하고는 어느 유럽의 도시보다 크고 부유했다고 전해진다. 16세기 초기에는 대서양에서 태평양에 이르는 중부 멕시코 지역을 지배하고 연맹 구축과 지배를 통해 공물을 받았다(Headrick, 2019: 82). 이러한 부와 권력은 그들이 입지한 멕시코 고원의 호수를 지혜롭게 사용했기 때문에 가능한 것이었다.

대략 다섯 개의 호수는 나름의 특성이 있었다. 찰꼬와 소치밀꼬 호수는 주변에서 유입되는 물에 의한 담수이지만, 중간의 떼스꼬꼬와 북부의 살또깐, 숨빤고 호수는 염분을 포함한 기수였다. 멕시코 고원 유역에서 들어오는 퇴적물은 호수에 영양분을 공급하여 동식물이 살아가는 데 양호한 환경을 만들기도 했지만, 멕시코 고원 유역의 화강암 성분인 장석(feldspar) 광물에 의한 나트륨 영향은 농사나 가정 용수 공급에서 문제가 되었다. 게다가 계절적으로 범람하는 지역에서는 범람으로부터 주거지를 안전하게 유지할 방법이 필요했다. 또한, 치남빠스를 유지하기 위해서는 호수의 유량을 통제하여 급작스러운 유량 변동으로 인해 치남빠스가 황폐해지지 않도록 해야 했다. 담수를 끌어오는 인공 수로, 기수와 담수를 분리하는 제방, 범람한 물을 유출하는 배수로는 아스떼까인들이 호수에 인접하여 살아가면서 이러한 문제들을 해결하기 위해 적용한 방법이었다(표 3).

〈표 3〉 호수의 자연적 특성과 적응 방법

| 분류 | 찰꼬-소치밀꼬 | 떼스꼬꼬 | 살또깐 | 숨빤고 |
|---|---|---|---|---|
| 유입 | 뜰라마날꼬 (Tlaamanalco)와 아메까메까 (Amecameca) 강, 중북부 호수로부터 유입 | 꾸아우띠뜰란 강 4개의 다른 호수로 부터 유입 | 꾸아우띠뜰란 강 치꼬나우뜰라의 오 숨비아의 수원으로 부터 끌어온 담수 | 멕시코 고원의 구안 띠뜰란 강으로부터 유입 |
| 담수/기수 | 담수 | 염분을 포함한 기수 | 염분을 포함한 기수 | 염분을 포함한 기수 |
| 치남빠스 특징 | 소치밀꼬에서 찰꼬 의 남단인 미스꾸익 까지 치남빠스 지역 광범위 | 차뿔떼뻭부터 수로 로 담수 끌어와 가 정용수와 치남빠스 농업에 이용 | 12세기 말-13세기 치남빠스 시작. 건 기에 염분 제거하여 치남빠스 형성 | 떼스꼬꼬 동부에서 기수 유입 차단, 동 부로부터 담수 유입 |
| 인공 수로와 제방 건설 목적 | 중북부에 위치한 호 수의 기수가 유입되 는 것을 막기 위해 제방 | 차뿔떼뻭부터 떼노 츠띠뜰란 도시 중심 부까지 수로, 동부 의 기수를 통제하기 위한 제방 | 오숨비야의 샘으로 부터 끌어온 담수를 치남빠스에 공급하 여 염분 제거 | 계절적인 범람을 막 기 위해 수위 변동 을 통제하기 위한 인공 수로 |

## 4 맺음말

아스떼까인들이 멕시코 고원에서 주변의 강과 호수를 지혜롭게 활용하고 통제한 것은 그들 문명의 기반이 되었다. 해발고도 최저 2,200미터의 멕시코 고원, 농사짓기에는 서늘한 섭씨 18-24도의 평균기온, 불규칙한 강우량으로 인한 범람과 가뭄, 호수에 둘러싸인 수도, 염분을 포함한 기수는 그들이 선택한 자연환경이었다. 아스떼까 인이 이러한 취약성을 극복하기 위해 범람을 통제할 수 있는 배수로를 만들고, 식수 공급과 농업을 위해 담수를 끌어왔다. 또한, 아스떼까 인이 호수에서 행한 치남빠스 농업은 현재까지도 생태계와 농업을 고려한 자연순환 체계 농업으로 인정받고 있다.

그러나 이 지역을 차지한 스페인 정복자들은 그 체계를 허물고 호수에서 물을 빼고 주변의 산림까지 제거하면서, 스페인 식민 기간에 수차례의 엄청난 범람을 겪었다고 전해진다. 아스떼까 인이 자신들이 하는 농업과 물관리가 가져올 생태계 변화를 예측했는가는 정확히 가늠할 수 없지만 적어도 그들이 생태계 대한 지식을 기반으로 자연에 대한 취약성에 적응해 나갔다는 것은 부인할 수 없을 것이다. 아스떼까 인들에게는 높은 고원과 농업, 범람과 배수, 농업 및 담수 공급과 염분이 포함된 물, 영양물질 순환과 오염 관리 등의 복잡한 문제는 그들이 처한 환경의 취약성으로 끝나지 않았고, 오히려 불리한 자연 여건 속에서 그들이 그 취약성을 완화하기 위해 어떻게 적응했는지를 보여 주고 있다.

# 제 4 장

# 빠차마마 이야기*

박호진

* 이 글은 『K-Amigo 』특별호 통권10호(2022)에 게재된 논문을 수정 보완한 것이다.

# 1 들어가는 말

언제부터인가 한국에서도 빠차마마 또는 파차마마에 대한 이야기가 알려지고 있다. 주로 남미를 여행한 분들이 현지인들로부터 들어서 알게 된 이야기이다. 술 마시기 전에 약간의 술을 대지에 부어 만물의 어머니라고 할 수 있는 대지 신에게 감사드린다면 얼마나 멋진 일인가? 우리도 수십 년 전만 하더라도 농촌에서 토지신이나 터줏대감에게 축수를 드리는 일이 전혀 없지는 않았다. 그런데 서구화가 되고 세계화가 되면서 우리는 우리의 과거를 잊어버린 것이다. 젊은이들이 남미에 갔다 와서 대지 신에 감사드리는 기쁨을 소개하면 과거를 잊은 우리는 너무 놀라워한다.

페루의 안데스 전통 연구가 까를로스 미야(Carlos Milla)는 안데스 지역의 전통 사상이 현대 산업 사회를 구원할 대안 사상이라 보고 있다. 필자

〈그림 1〉• 남십자 별자리.
단테는 『신곡』에서 다음과 같이 노래했다. "오른쪽으로 몸을 돌려 다른 극을 바라보니/ 최초의 인간들 외에는 누구도/ 보지
못한 네 개의 별이 보인다./ 하늘은 그 별빛을 즐기는 듯했다./ 아 황량한 북녘의 땅이여, 넌/ 그 별들을 쳐다볼 수 없겠구
나!"(단테, 2007: 9) 네 개의 별에 그려진 선(線)은 삐나스꼬(Pinasco)가 추가한 것이다.(Pinasco: 2019: 81)

는 그의 사상에 다 동의하지는 않지만, 그가 남반구의 밤하늘을 쳐다보면
세상이 달리 보인다고 할 때 가슴이 뜨끔하다. 필자가 남미로 여행을 갔을
때 남반구의 밤하늘을 쳐다보지 않아서 뜨끔한 것이 아니라 사실은 북반
구의 하늘도 초등학교 이후 쳐다본 적이 없어서 부끄러운 것이다. 지금 필
자가 빠차마마 이야기를 쓴다면 머나먼 남미의 대지 신 이야기를 하려고
쓰는 것이 아니라 우리가 어느덧 잃어버린 대지 또는 밤하늘과 일체감을
회복하기 위한 것이다.

## 2 빠차마마란 무엇일까?

대체로 인터넷에 나오는 정의가 틀리지 않는다. 다만 우리말 표기상 빠차마마와 파차마마가 혼용되고 있는 점을 지적하고자 한다. 스페인어 표기는 'pachamama'인데, 이는 스페인어 발음법에 따르면 빠차마마로 표기될 수 있다. 그러나 잉까 제국의 공식 언어였던 께추아어의 스페인어 표기법은 끊임없이 바뀌고 있다. 따라서 스페인어식 표기를 따르는 것이 정확한 발음 방법은 아니다. 그러나 원주민의 발음을 들으면 우리말로는 빠차마마에 가깝게 들린다.

'빠차'는 대략 대지 또는 넓은 의미로는 우주를 의미한다. 우리말의 우주가 그렇듯 '빠차'는 공간뿐 아니라 시간 개념도 포함한다. 시간과 공간을 한데 뭉뚱그려 생각하는 잉까인들의 사고가 놀라운 게 아니라 우리가 시간과 공간을 분리해서 생각하는 데 익숙하다는 것에 더 놀라야 할지 모른다. 한자의 우주(宇宙)가 시공을 포함하듯 우주에서 시간과 공간은 같이 가니 말이다.

'마마'는 어머니라는 뜻이다. 이 우연은 놀랍지만 '엄마', 'mother', 인도에서 신성하다는 소리 '옴'을 생각해 볼 때 우연이 아니라 필연이라는 표현이 맞을 것이다. 그렇다면 빠차마마는 '대지 어머니'라는 뜻일 것이고 지모신(地母神) 숭배는 인류 역사에서 보편적이다. 그렇다면 인터넷에서 자주 나오는 빠차마마의 모습을 〈그림 2〉에서 찾아보자.

예쁘지만 이 그림은 안데스 지역 원주민들이 생각했던 빠차마마의 이미지가 아니다. 인터넷에 나오는 대부분의 이미지들은 본래의 빠차마마의 이미지가 아니다. 인터넷에서 발견되는 빠차마마의 이미지 중 진짜 빠

<그림 2> • 인터넷에서 흔히 볼 수 있는 빠차마마의 이미지.

출처: flicker.com

차마마의 이미지에 해당하는 것은 스페인 식민 시대에 그려진 빠차마마의 모습이다(그림 3).

현대인의 시각에서 볼 때 다소 어색하지만, 이 이미지는 안데스 지역 원주민들이 생각했던 빠차마마의 모습에 가깝다. 이 그림을 보면 단순히 성모를 그린 것 같다. 그러나 자세히 보면 성모가 걸친 망토가 어색해 보인다. 어색해 보이는 이유는 성모의 망토가 크고 자세히 보면 산 모양을 하고 있기 때문이다. 보통, 학자들은 이를 성모 모습의 토착화 내지 문화

〈그림 3〉・라틴아메리카 식민지 시대의 빠차마마 이미지.
출처: www.punomagioco.com

변용(aculturación)이라고 부른다. 쉽게 말해 불교가 한국에서 토착화되면서 산신각이 생겼듯이 가톨릭 신앙이 안데스 지역에 토착화하면서 대지의 여신의 모습과 결합한 것이다. 물론 우리나라의 전통 개념으로 볼 때 산은 남성이라고 생각하기 쉽다. 안데스 지역 고대인들도 주로 산신을 남성으로 생각하고 '아뿌(apu)'라는 존칭으로 불렀다. 그러나 안데스 지역 고대인들은 산을 반드시 남성으로 생각하지 않았음을 우리는 이 성화(iconography)를 통해서 알 수 있다. 그리고 이 성화는 우리가 역사적으로 추적할 수 있는 빠차마마의 유일한 모습이다. 빠차마마가 왜 산 모양을 하게 되었는지는 나중에 빠차마마와 관련된 신화에서 설명하기로 하고, 식민지 시대 이전 빠차마마의 모습으로 추정되는 이미지는 다음과 같다.

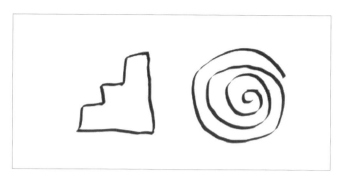

〈그림 4〉· 식민지 시대 이전 빠차마마의 모습으로 추정되는 이미지.

출처: 박호진, 2019: 58.

〈그림 5〉· 빠차마마 도안.

출처: 식민 시대 연대기 사가 빠차꾸띠 얌끼의 그림.

당혹스럽다. 계단 모양과 나선형 문양이 빠차마마라니 말이다. 실제로는 보다 구체적으로 빠차마마의 모습을 한 조상들이 있다. 문제는 그 조상 밑에 빠차마마라는 표기가 없는 것이다. 이미 알려진 바와 같이 안데스 지역 문명권에서는 문자를 사용하지 않았다. 따라서 빠차마마라고 추정되는 조상들이 있지만 학자들이 학술적으로 단정을 짓지 못한다.

여신을 직접적으로 숭배하는 안데스인들의 신앙에 대한 장기적으로 중요성을 지니는 심도 있는 증거가 고고학자 바우어와 스타니쉬에 의해서 밝혀졌다. 그들이 꼬빠까바나에서 조금 떨어진 태양과 달의 섬들을 조사했을 때, 그들은 여성의 이코노그래피가 그려진 향로들을 발견했다. 이 향로들은 기원전 500년부터 서기 400년까지 거의 천 년간 사용되었다(Bauer and Stanish, 91). 그들은 태양의 섬의 농경지에서 가족 예배당들을 발견했다(Bauer and Stanish, 180, 219). 바우어와 스타니쉬는 이 가족 예배당들에 대해서 상세하게 언급하지는 않았지만, 아마도 그것은 꼬보(Cobo)가 모든 농경지에서 수백 년 전에 보았던 빠차마마를 위한 장석(長石, long stone) 재단과 같은 것일지도 모른다. 게다가 바우어와 스타니쉬는 고대 안데스의 제례와 순례에서 19세기 고고학자 반델리어가 꼬빠까바나 반도에서 조금 떨어진 달의 섬의 사원 지역에서 거대한 은으로 된 여성상을 발견했음을 기록하고 있다.(Yetter, 2017: 9)

유일무이하게 빠차마마라고 쓰여 있는 빠차마마의 모습은 식민 시대 연대기 사가(史家) 빠차꾸띠 얌끼(Juan de Santa Cruz Pachacuti Yamqui Salcamayhua)가 그린 도안이다. 이 그림은 다행히 그림 안[1]에 스페인어로 빠차마마로 쓰여 있어 빠차마마임은 알겠지만, 이 도안에 대해서 빠차꾸띠 얌끼가 구체적으로 설명하고 있지 않아 이 그림을 어떻게 해석해야 할지 논란이 된다.

우리의 시각으로 보자면 지구본처럼 둥글어서 지구를 나타내는 것으로 보인다. 더군다나 지구 위에 무지개가 떠 있다. 앞에서 언급한 재야학자 까를로스 미야는 안데스 지역 원주민들은 지구가 둥글다는 것을 알고

---

1) 〈그림 5〉는 빠차꾸띠 얌끼가 고사본에 그린 원래 도안이 아니다. 원래 도안은 당연히 수기로 쓰여 빠차마마는 필기체로 되어 있고 조금 더 복잡하다.

있었다고 한다. 그러나 필자가 알기로 라틴아메리카 역사학자들이 그의 주장을 뒷받침해 주고 있지는 않다. 물론 안데스 지역의 지형이 길게 늘어서 있고 잉까 제국도 그 영토가 길게 늘어서 있으므로 위도상 방위각의 변화를 세계 어느 지역보다 안데스 지역 고대 천문학자들이 잘 알고 있었음은 확실하다. 그러나 이러한 천문 지식이 반드시 지동설과 연관된다고 단언할 수는 없다. 물론 안데스 지역 원주민들은 코페르니쿠스 이전 유럽인들처럼 땅이 평평하다고 생각하지는 않았다.

빠차꾸띠 얌끼의 도안을 보면 둥그런 이미지 내에 세 개의 삼각형 모양이 있다. 안데스 지역 원주민들에게 숫자 3은 그 의미가 굉장히 중요하다. 마추픽추에 가보면 세 개의 창문이 있는 유적이 있으며 잉까인들은 빠까리땀보(Pacaritambo)의 세 동굴 중 가운데에서 자신들의 조상이 처음 나왔다고 믿고 있다. 필자는 이 세 삼각형을 산으로 추정한다. 식민지 시대의 빠차마마 성화에서 볼 수 있듯이 빠차마마는 산으로도 상징되며, 빠치마마 신화에서 빠차마마는 죽어서 과부(Viuda)라 불리는 산으로 다시 태어나니 빠차꾸띠 얌끼가 그린 빠차마마 이미지에 세 개의 산이 들어가는 것은 타당하다.

그리고 산을 오르려면 계단에 필요하다. 따라서 〈그림 4〉에서처럼 빠차마마는 계단으로 표현된다. 그리고 빠차마마는 안데스 지역의 삼분법으로 우주를 나누는 구분법에 따르면 당연히 지하세계에 속한다. 안데스 지역의 우주를 나누는 삼분법이란 천상계, 지상계, 지하세계이고 지하세계는 〈그림 4〉의 나선형으로 표현된다. 당연히 지하세계는 여성의 음부를 닮아 있다. 여성의 음부는 소라 모양이나 나선형으로 표현될 수 있는 것이다.

결국 빠차마마는 작게는 비옥한 산이나 대지를 뜻하며 지하세계를 뜻할 수 있다. 그러나 넓게는 하늘과 대립해서 비옥한 대지나 산뿐만 아니라 모든 땅을 가리키는 개념으로 확대될 수 있다. 그리고 요즘처럼 환경과 자연을 강조하는 시대에는 자연으로 아주 넓게 이해된다. 에콰도르 헌법에서 언급하는 빠차마마는 이 세 번째의 아주 폭넓은 개념으로 보아야 한다. 박태현은 「에콰도르 헌법상 자연의 권리, 그 이상과 현실」(2019)에서 빠차마마를 대지로 보고 있다.

제71조: 생명이 재창조되고 존재하는 곳인 자연 또는 파차마마(Pachamama: 안데스 원주민들에게 신앙의 대상인 영적 존재로 〈어머니 대지〉로 번역된다─필자 주)는 존재와 생명의 순환과 구조, 기능 및 진화 과정을 유지하고 재생을 존중받을 불가결한 권리를 가진다. 모든 개인과 공동체, 인민들과 민족은 당국에 청원을 통해 자연의 권리를 집행할 수 있다.(박태현, 2019: 114)

박태현은 자연스럽게 빠차마마에 주를 달아 '어머니 대지'로 부르고 있지만 께추아어에서 '빠차'는 이미 앞에서 언급한 대로 대지만을 뜻하지는 않는다. 그리고 위의 법조문에서 빠차마마를 자연과 동격으로 놓고 있는데 자연이 대지, 땅으로만 한정될 수 있는지도 생각해 보아야 한다.

『표준국어대사전』에 의하면 자연은 "사람의 힘이 더해지지 아니하고 세상에 스스로 존재하거나 우주에 저절로 이루어지는 모든 존재나 상태"를 가리킨다. 즉 자연이 대지만을 가리키지 않는 것을 알 수 있다. 『케임브리지 사전』은 'Nature'를 다음과 같이 정의한다.

세상에 있는 모든 동물, 식물, 바위 등 그리고 모든 특성, 힘, 사람과는 독립적으로 일어나거나 존재하는 과정을 말한다. 예컨대, 기후, 바다, 산, 어린 동물과 식물의 출현과 성장을 가리킨다.

즉, 위의 인용문에 의하면 'Nature'는 세상에 있는 모든 동물, 식물, 바위는 물론 기후까지 포함하고 있어야 한다. 〈스페인어 위키피디아〉의 경우는 다음과 같이 정의한다.

자연은 넓은 의미에서 자연 세계, 물질 세계 또는 물질적인 우주를 의미한다. 이 용어는 세계의 물리적인 현상뿐만 아니라 전반적인 생명을 언급한다.

어머니 자연(Mother Nature)이라는 개념은 엄격히 얘기하면 서양의 지적 전통에서 나온 클리셰이다. 물론 동아시아, 특히 도교 전통에서도 만물을 소생시키는 것을 여성적인 것으로 본다. 그러나 서구 문명이 동양에 영향을 미치기 전에 자연이 남성이냐 여성이냐를 우리 선조들에게 묻는다면 그것은 당혹스러운 질문이 될 확률이 높다. 께추아어는 자연—좀 더 정확히는 'Nature'—에 해당하는 단어가 없다는 주장도 있다. 께추아어에 정말로 'Nature'에 해당하는 단어가 있는지 없는지는 께추아어 학자들의 더 많은 고증이 필요할 것으로 생각된다.

'빠차'를 사실상 우주의 개념으로 끌어올린 사상가 중에는 J. 에스터만(Josef Estermann)이 있다. 그는 '빠차소피아(Pachasofía)'란 말을 만들어 낸 바 있다. J. 에스터만의 '빠차소피아'는 일종의 세상 내지 우주의 기원에 관한 철학이다. 이는 단지 J. 에스터만의 입장일 뿐만 아니라 안데스 철학을 옹호하는 수많은 학자가 '빠차'의 의미를 확대 해석한다.

초기 식민지 연대기 작가들, 알론소 라모스 가빌란과 베르나르베 꼬보 신부
는 빠차마마를 대지 어머니로 번역했다(Ramos, 1867: 19-20; Cobo: 34). 라모
스는 빠차마마의 숭배가 로마의 지모신 텔루스 숭배와 '유사'하다고 주장
했지만 번역에 있어 많은 부분이 유실되었다. 빠차마마는 라틴아메리카
원주민 언어인 께추아어와 아이마라어에서 공통으로 쓰이는 단어이다. 그
리고 단순히 '대지 어머니(地母)' 이상의 뉘앙스를 풍긴다(Untoja and Mamani,
1-125; Lucca, 119). 사전들은 어미 '-mama'가 어머니, 빠차의 어머니를 의미
하고 있음을 보여 준다. '빠차'는 많은 의미를 지닌다. 그중의 몇몇은 전체 우
주/시간 연속체를 의미한다. 하낙 빠차는 위의 세계를 가리키는데, 하늘
을 포함하고 전체 우주를 포함한다. 까이 빠차는 지구를 의미한다. 우꾸 빠
차는 지하세계를 가리킨다. 빠차꾸띠는 시대의 전환을 가리킨다(Untoja and
Mamani: 1-125; Lucca: 109, 119; Lara: 102, 117, 171, 271). 그러므로 빠차마마는
단지 지구의 어머니가 아니라 전체 우주와 점진적으로 전개되는 시간의 어머
니인 것이다.(Yetter, 2017: 3)

예터(Yetter)의 수사학적으로 찬란한 주장은 타당하다. 그러나 동아시
아 철학을 도교의 입장만 고려하여 페미니즘 철학으로 이해하는 것이 위
험한 만큼 안데스 철학도 빠차마마만 강조하여 페미니즘 사상으로만 생
각할까 조심스럽다.

# 3 빠차마마와 빠차까막의 이야기

빠차마마와 관련된 신화, 전설, 민담은 다양하며 그 각각의 이야기는 여러 버전, 그러니까 수많은 변이본을 갖고 있다.[2] 그중에서 가장 많이 알려진 이야기 중 하나는 빠차마마와 빠차까막(Pachacamac)의 사랑 이야기이다. 이미 위에서 언급했다시피 '빠차'는 대지 또는 우주를 뜻하기 때문에 '까막'의 뜻만 설명하면 빠차까막의 의미는 알 수 있다. 까막은 기르는 자, 육성하는 자, 생기를 불어넣는 자로 해석된다. 따라서 빠차까막은 당연히 대지 또는 우주에 생기를 불어넣고 기르는 자에 해당한다. 이렇게 되면 빠차까막이 왠지 빠차마마보다 우월적 지위에 있는 것 같은 느낌이 든다. 빠차까막은 안데스 지역 해안가에서 숭배되던 신이고 그 지역에서 최고신이었다. 신들의 계보학을 연구하는 학자들이 있다. 예컨대 어느 신이 어느 신을 낳고 어느 신이 어느 신보다 지위가 높은가를 연구하는 학자들 말이다. 비교적 그리스로마 신화는 신들의 계보가 잘 정리되어 있기 때문

---

2) "빠차마마의 숭배와 중요성은 식민 시대 수많은 민족학지 자료에서 확인된다(Calancha, 1975[1638]; Cieza de León, 1995[1551]; Cobo, 1964[1653]; 1990[1653]; Garcilaso de la Vega, 1991[1609]; H. Pizarro, 1872[1533]; P. Pizarro, 1978[1571]; Santa Cruz Pachacuti, 1879[1613]; Santillán; 1879[1551]; e.o.). 빠차마마와 연관된 과학적 연구는 이미 19세기에 발견된다(Rivero & Tschudi, 1851). 위대한 안데스 연구가들이 그 주제를 다뤘다. 당연히 Ühle(1903, 47-55)가 있고 또한 Tello(1923a; 1923b)가 있었다. 또 Métraux(1949)와 Rowe(1946)가 있었다. 1970년대에 가장 중요한 기여와 진전을 이룬 학자는 María Rostworowski(1972; 1977; 1978; 1983; 1989; 1991; 1992; 1993a; 1999a)이다. 다른 학자들도 이 주제에 관심을 가졌지만, 이들은 주로 고고학적인 시각으로 접근했다(Bueno Mendoza, 1982; Jiménez Borja, 1985; 1992). 게다가 빠차마마에 대해 세부적으로 접근하는 연구들(Gisbert, 1993; Eeckhout, 1993; 1998a)과 빠차마마를 전반적으로 분석하는 연구들이 있었다(Demarest, 1981; Eeckhout, 1999a; Krickeberg, 1971; Pease, 1973; 1992; Malengreau, 1995; Rostworowski, 1999b; Urbano, 1981)."(Eeckhout, 2004: nota 2)

에 보통 안데스 지역 신화를 접하는 일반 독자들은 안데스 지역 신화에서도 이처럼 잘 정리된 이른바 신통기(神統記)를 원한다.

그러나 그리스로마 신화를 비롯해서 모든 신화는 상상의 산물이다. 따라서 빠차까막이 최고신이면 빠차마마는 그보다 지위가 낮냐고 물으면 틀린 얘기는 아니지만 어리석은 질문이다. 페루 인류학계의 석학 산체스(Rodolfo Sánchez Garrafa) 교수는 하늘의 중심을 차지한 신은 비라꼬차였고 빠차까막은 그 주변부를 차지하는 두 번째 지위의 신으로 정의한다.

쌍둥이 오누이는 최고천(empyrean heaven)에 이르렀고 위대한 신 '꼬니라야 비라꼬차(Koniraya Wiraqocha: 어둠을 떨쳐내는 자)'가 거기서 그들을 기다리고 있었다. 우아로치리(Huarochirí) 신화에서는 빠차까막의 영역을 주변부 하늘에 위치시키고 '꼬니라야 비라꼬차'와 '빠리아까까(Pariaqaqa)' 신들을 최고천의 중앙에 위치시킨다. 따라서 빠차까막은 아래 지역인 우린(Urin)을 의인화한 것이 되고 (태양과 동격이 된) 비라꼬차는 위쪽 지역인 하난(Hanan)을 의인화한 것이 된다.(Park & Sanchez: 2022: 77)

산체스 교수의 주장은 옳지만, 이는 잉까 제국 신들의 계보학일 뿐이다. 안데스 지역 전역이 통합되기 전까지만 하더라도 빠차까막은 해안가의 최고신이었고 해안가의 빠차까막 유적지[3]는 지금까지도 관광객들이

---

3) "안데스 지역 선사시대의 가장 중요한 유적 중의 하나인 빠차까막은 이 도시가 모시는 신뿐만 아니라 유적의 크기 때문에 유명하다. 창조자이자, 신탁을 들어주는 자이자, 지진을 일으키는 존재이며 신성한 힘을 갖고 복을 주는 위대한 빠차까막은 잉까 시대에 인기가 있어서 잉까 황제들은 그에게 충고와 도움을 받으러 왔다. 제국의 전 지역에서 왔는데 심지어는 에꽈도르에서도 순례자들이 왔다. 그리고 이들은 이 제례의 중심지에서 모였는데,

가봐야 하는 곳이다. 이 유적지의 규모를 생각하면 빠차까막이 최고신으로서 모셔지고 있을 무렵 얼마나 많은 사람이 이 빠차까막 성지로 순례를 떠났는지 미루어 짐작할 수 있다. 후에 안데스 산악 지역 세력이었던 잉까 족이 해안 지역을 정복하면서 빠차까막은 잉까족 신들의 신통기(神統記)에 통합된 것이다. 하여튼 빠차까막과 빠차마마의 신화에 따르면 빠차까막은 빠차마마와의 사랑을 얻기 위해 또 다른 신인 꼰(Kon)과 경쟁했다. 꼰이라는 신의 어원에 대해서도 여러 가지 설이 있으나 꼰이 열, 뜨거움과 관련 있는 단어라는 데는 대부분의 학자가 동의한다. 하여튼 두 신은 빠차마마의 사랑을 얻기 위해서 치열한 싸움을 벌이고 결국 빠차까막이 승리를 거둔다. 그리고 빠차까막은 빠차마마와 결혼하여 쌍둥이 남매를 낳는다.

빠차까막이 우주 창조신이라면 안데스 지역 신의 계보도는 다소 복잡해진다. 일반적으로 널리 알려진 창조주는 꼰띠끼 비라꼬차(Kontiki Viracocha)이기 때문이다. 결국 '빠차'가 우주를 뜻하면 빠차까막과 비라꼬차라는 두 명의 우주 창조신이 존재하게 되는 것이다. 만약 뒤에서 얘기할 "빠차마마와 그녀의 쌍둥이 남매(Pachamama y sus Wilkas)" 신화에서 와꼰(Wakon)이 꼰띠끼 비라꼬차와 연관이 있다면 우리의 신통기는 또 다른 혼란을 맞는다. 왜냐하면 와꼰이나 꼰띠끼 비라꼬차에는 꼰(Kon)이라는 단어가 들어가 있기 때문이다. 따라서 꼰띠끼 비라꼬차는 물론이고 와꼰, 꼰 모두 태양과 관련된 신으로도 볼 수 있다.[4] 다른 전설들에 의하면

---

그곳의 화려함과 풍요는 꾸스꼬와 띠띠까까 호수의 성지들과 경쟁할 만했다. 이런 번영과 명성은 이 성소를 스페인 정복자들의 첫 번째 목표 중의 하나가 되게 하였다. 이들은 1533년 1월과 2월에 빠차까막을 공격하고 약탈했고 이 성소의 주요 신상을 도착하자마자 파괴했다"(Eeckhout, 2004: nota 2).

4) 잉까인들의 신들의 계보학이나 빠차꾸띠 얌끼의 도안을 보면 비라꼬차가 최고신이고

와꼰과 빠차까막은 형제지간이었고 빠차마마와 결혼하기 위해 다투었다. 그렇다면 해석하기에 따라서 와꼰과 빠차까막이 빠차마마를 놓고 싸웠다는 것은 이 둘이 창조주 자리를 놓고 싸웠다고도 볼 수 있다. 하여튼 우리 한국인들에게는 낯선 안데스 지역의 신들은 인간의 상상력에서 최고 자리를 갖기 위해, 또는 인간들에게 잊혀지거나 악한 신으로 격이 떨어지지 않기 위해 치열히 싸운 셈이다.

빠차까막과 빠차마마의 신화에서 최후의 승자는 빠차까막이다. 빠차까막과 빠차마마의 관계는 빠차까막이 호수의 섬으로 태어나고 반대로 빠차마마가 산꼭대기에 머묾으로써 하늘은 가장 낮은 데까지 내려오고 땅은 가장 높은 곳까지 올라가 하늘과 땅이 서로 상보 관계를 형성하는 것이다.

## 4 남매 쌍둥이의 모험 이야기

빠차마마는 졸지에 과부가 되어 두 쌍둥이를 키우느라 숱한 고생을 한다. 물론 앞에서 정의한 빠차마마의 개념, 자연을 대변하는 신, 대지를 대변하는 신, 또는 산신이기도 한 빠차마마가 왜 고생하느냐라는 의문이 들 수도 있지만, 그리스로마 신화에서도 대지의 여신은 고생한다. 대지의 여신이 과부가 되고 고생한다는 것은 신화학에서는 전 세계적으로 흔히 반복되는 신화소인 것이다.

---

잉까의 태양신 인띠(Inti), 빠차까막, 빠차마마가 그 아래 있는 것으로 보아야 할 것이다. 그리고 꼰 또는 와꼰은 잉까인들에게는 홀대받은 것으로 보인다. 물론 신들의 계보학이라는 것은 본문에서 언급한 대로 상대적일 뿐이다.

고생 끝에 그녀는 멀리서 불빛이 반짝이는 곳을 발견한다. 그곳은 레뽄헤(Reponge) 언덕에 있는 와꼰빠우아인(Wakonpahuain) 동굴이었다. 그동굴에는 반쯤 벌거벗은 남자 와꼰이 그들을 맞이한다. 와꼰에 대해서 산체스 교수는 다음과 같이 정의한다.

이런 이유로 와꼰은 빠차마마를 죽였고 쌍둥이 남매(Wilkas)에게도 똑같이 하려고 했다. 와까는 까빠꼬차(capacocha, qhapaq hucha)가 행해지는 순례의 중심이었다. 까빠꼬차는 까차와꼬(cahchawako) 그리고 까차위(cachawi)로도 발음된다(Molina, 1989: 128, 196-197) 그러므로 여러 각도에서 볼 때, 빠차까막에 대한 새로운 숭배가 이루어지기 전 시대에 와꼰이 루린(Lurín)의 와까에서 까빠꼬차를 집행한 자였다는 가정은 적절할 뿐 아니라 실현 가능성이 높다. 윌까 쌍둥이가 루린의 와까(Waka, 聖所)에서 도망친 것은 권위를 잃은 신인 와꼰에게 바치는 제물 봉헌을 거부하는 것이 된다.(Park & Sanchez, 2022: 75-76)

아마도 꼰은 작은 지역들이 통합되기 이전 인간들로부터 대접받는 주신이었을 것이다. 그러나 작은 지역들이 통합되면서 밀려나서 "빠차마마와 두 쌍둥이 남매" 신화에서는 악당 역을 맡게 된 것이다. 꼰이기도 하고 와꼰이기도 한, 이 괴물에 가까운 악당은 돌냄비에 감자 요리를 해서 빠차마마와 두 아이를 대접한다. 그러고는 두 아이에게는 깨진 동이에 물을 떠오라고 시킨다. 시간을 벌려는 수작인 것이다. 그사이 와꼰은 빠차마마를 유혹하지만, 빠차마마가 거절하자 그녀를 잡아먹고 몸의 일부는 큰 냄비에 넣어 놓는다. 이 이야기에서도 라틴아메리카 원주민 문화에서 논란이 되었던 식인 풍습, 카니발리즘이 다시 등장하는 것이다. 심리학적인 분석으로 보면, 성욕과 식욕은 연결된다.

하여튼 아이들이 돌아와 어머니를 찾자 와꼰은 저 멀리 나갔다고 잡아 뗀다. 아이들이 불안에 떨고 있을 때 이를 측은히 여긴 여명을 알리는 새 와이차우(Waychaw)가 어머니의 죽음을 알려 주고 도망칠 것을 권유한다. 아이들은 도망치기 전에 잠자는 와꼰의 긴 머리를 바위에 묶어 놓는다. 여기서도 와꼰이 태양신과 관련이 있음을 알 수 있다. 마추픽추에 가면 '인띠와따나(Intihuatana)'라는 돌이 있다. 마추픽추에서 가장 중심이 되는 유적이다. 그 뜻은 '태양을 묶는 돌'이다. 아이들은 이 오래된 태양신이 다시는 못 뜨게 머리카락을 돌에 묶어 놓은 것이다.

아이들은 도망치고 뒤늦게 잠이 깬 와꼰은 아이들을 추적한다. 아이들은 도망치는 도중에 '아냐스(Añas: 여우 또는 스컹크)를 만나고 마음 착한 아냐스는 이 아이들을 손자 손녀로 받아들인다. 와꼰은 여기저기를 추적하다 도중에 콘도르, 퓨마, 뱀을 만난다. 이들에게 아이들을 보았냐고 묻자 이들은 모르쇠로 일관한다. 그리고 와꼰은 아냐스를 만난다. 아냐스는 와꼰에게 산꼭대기에 올라가서 아이들 어머니 흉내를 내라고 조언한다. 와꼰은 산꼭대기에 오르다 굴러서 심연으로 떨어지고 그 죽음에 땅이 흔들린다. 아이들은 아냐스 밑에서 행복하게 자란다. 아냐스는 젖이 아니라 자신의 피를 아이들에게 제공한다. 여기서도 우유가 아니라 왜 피를 제공할까 하는 궁금증이 생긴다. 필자가 추정하는 것은 척박한 안데스 지역에서 모유가 귀했다는 것이다. 따라서 이 이야기를 들을 아이들에게 모유의 귀함을 가르치는 것으로도 볼 수 있다.

한편 아이들은 피만 먹는 것이 지겨웠기 때문에 감자밭에서 감자를 캐게 해달라고 조른다. 마침내 감자밭에 나간 아이들은 우연히 인형 모양의 오까(Oca: 감자와 비슷한 구근 작물)를 가지고 놀다가 이 오까를 부숴 버리고 만다. 아이들은 울음을 터트리다 잠이 든다. 꿈속에 여아 쌍둥이는 자신이 하늘로 모자를 던지자 모자가 떨어지지 않고 공중에 떠 있고 옷가지를 던져도 옷가지가 떠 있는 꿈을 꾸게 된다. 꿈에서 깨었을 때 하늘에서 밧줄이 내려온다. 아이들은 아냐스의 조언을 듣고 하늘로 올라간다. 그들은 최고천에 이르고 거기서 그들의 아버지 빠차까막을 만나 해와 달이 된다. 판본에 따라 다르지만 또로 몬딸보(Toro Montalvo) 판본에 의하면 빠차까막은 두 아이들이 고생할 때 도와준 동물들에게 각기 보상을 한다.

마찬가지로 빠차까막 신은 아냐스에게 새끼들을 보호하고 옮길 수 있는 주머니를 하사했고 퓨마는 협곡과 숲의 왕이 되고 콘도르는 하늘의 주인이 되며 뱀은 다산과 부의 상징으로서 스스로를 독으로 방어하도록 포상을 했다. 그리하여 해와 달로 변신하여 승리한 쌍둥이 남매(Wilkas)는 어둠을, 더 정확히 말하자면 와꼰을 비추었다.(Park & Sanchez, 2022: 83)

아이들과 와꼰이 만났다는 동물은 하늘 땅, 지하세계를 대표하는 동물이니 아이들과 와꼰이 온 세상을 돌아다닌 셈이 된다. 판본에 따라 다르지만, 아냐스에게 주머니를 주었다는 대목을 보면 아냐스가 과연 어떤 동물일까 생각해 볼 수 있다.

# 5 맺음말

'빠차마마와 그녀의 쌍둥이 남매' 신화는 지역 전통 사상을 연구하는 데 굉장히 중요하다. 에콰도르 헌법에서 언급되는 빠차마마가 어떤 존재인지에 관해서 중요한 정보를 제공해 주기 때문이다. 그리고 안데스 지역에서 언급되는 수막 까우사이(Sumak Kawsay), 수마 까마냐(Suma Qamaña), 아이니(Ayni)의 의미가 어떤 것인지를 매우 잘 드러낸다.

아이들은 동물들에 의해 보호받고 이 동물들은 빠차마마와 빠차까막에 의해 보호를 받는다. 빠차마마는 지모신(地母神)이고 빠차까막은 천신(天神)이니 이 동물들은 하늘과 땅에 의존해서 살아가는 것이다. 그리고 이 천신들조차 종말을 맞이하고 이 천신들의 후손들은 동물들에 의해 보호를 받는 것이다. 신, 인간, 동물, 자연이 모두 호혜 관계, 순환 관계인 것이다. 안데스 지역 원주민들이 사물과 동물, 인간의 관계를 어떻게 이해했는지 극명하게 보여 주는 것이 빠차마마와 관련된 신화, 전설, 민담인 것이다.

작게 보면 고아가 된 아이들을 콘도르, 뱀, 퓨마, 와이차우(Waychaw) 새가 보호하는 것으로 볼 수 있고, 좀 더 크게 보면 두 아이는 잉까족을, 언급된 동물들은 이웃 부족으로 볼 수 있다. 이들은 상호 호혜의 원리에 의해 생존을 유지하고 번성하는 것이며 이러한 삶이 수막 카우사이(Sumak Kawsay), 수마 까마냐(Suma Qamaña)인 것이다.

# 2부
# 라틴아메리카의
# 원주민과 국토 이야기

# 제 5 장

# 개발과 원주민 공동체:
## 멕시코의 마야철도 건설을 중심으로*

김윤경

* 이 글은 『중남미연구』 제41권 4호에 실린 논문을 수정·보완한 것이다.

# 1 들어가는 말

　자원이 풍부한 라틴아메리카가 개발로 극심한 몸살을 앓고 있다. 각국 정부는 석유, 천연가스, 광물 등 다양한 자원을 추출하고 그것을 수송하기 위한 기반시설을 확충하기 위한 개발 프로젝트를 시행하고 있다. 1990년 대 신자유주의가 도입되면서 개발 사업은 더 활발해지고 규모도 커지고 있다. 에콰도르와 페루 아마존 지역의 석유와 천연가스, 칠레의 구리 광산, 브라질 열대우림, 아르헨티나의 셰일 가스 등 다양한 자원에 대한 개발 사업이 수도 없이 진행되고 있다. 그리고 2000년에는 남아메리카 12개 국이 참여하여 남아메리카 대륙의 기본적인 인프라를 통합하려는 남미 인프라통합구상(Iniciativa para la Integración de la Infraestructura Regional Suramericana, IIRSA) 같은 프로젝트도 수립되었다.

　그런데 문제는 이러한 개발 사업들이 라틴아메리카의 생태환경과 개발 인근 지역 주민의 삶에 심각한 영향을 미치고 있다는 것이다. 산림 벌채로 인한 환경 파괴, 생물 다양성 감소, 수질 오염과 수자원 고갈, 토지 훼손과 대기 오염 등 개발로 인한 피해는 엄청나다. 특히 라틴아메리카 사회에서 최약자인 개발 지역 원주민 공동체가 가장 큰 피해를 입고 있다. 원주민이 거주하는 지역이 자원의 매장지인 경우가 많기 때문에 그들은 종종 강제로 이주당하거나 강제로 토지를 빼앗기고 있다.

멕시코에서도 금과 은, 석유 등 다양한 자원에 대한 개발 사업들이 추진되고 있다. 최근에는 특히 관광 개발에 박차를 가하고 있다. 멕시코 정부는 2000년대 초반부터 마야 문명 지역의 관광 산업 활성화를 위한 개발 사업에 집중하기 시작했다. 2007년 정부는 치아빠스 주 북부를 중심으로 세계적인 마야 유적지인 빨렌께를 포함한 라깡돈 밀림 지대를 개발하려는 '빨렌께 중점개발계획(CIP Panlenque)' 프로젝트를 수립했다. 이 프로젝트는 멕시코의 '새로운 여행 창구'인 '마야 세계로 가는 관문'을 개발하려는 정부의 야심 찬 계획이었다.[1]

멕시코 정부는 여기에서 한 걸음 더 나아가 마야 문명 지역 전체를 연결하는 거대한 철도망을 건설하려는 계획을 수립했다. 2018년에 안드레스 마누엘 로뻬스 오브라도르(Andrés Manuel López Obrador, 이하 AMLO) 대통령이 마야철도 프로젝트를 발표한 것이다. 빨렌께에서부터 유까딴반도의 끝에 있는 깐꾼까지 연결하는 철도를 건설하겠다고 선언했다. 신자

---

1) 정부는 이 프로젝트에 따라 관광 도시인 산 끄리스또발 데 라스 까사스에서 빨렌께까지 치아빠스를 관통하는 새로운 고속도로를 건설하려고 했다. 이 프로젝트는 치아빠스 북부의 6개 무니시삐오(municipio)를 포함하고 있고, 비용만 해도 토지 매입에 4억 뻬소, 빨렌께와 아구아 아술을 잇는 통신망 건설에 1억 뻬소를 배정해 놓고 있다.

유주의 정책에 반대하는 좌파 성향의 대통령 AMLO가 거대한 자본이 들어가는 철도 건설 계획을 수립한 것이다. 2020년 6월에 시작된 이 철도 건설 프로젝트는 2024년 완공을 목표로 진행되고 있다.

마야철도 프로젝트가 유까딴반도의 다섯 개 주를 관통하는 어마어마한 프로젝트인 만큼 멕시코 경제뿐만 아니라 주변 지역과 주민에게 미치는 영향이 크다. 그래서 이에 대한 논쟁도 뜨겁다. 논쟁점은 주로 마야철도 건설 계획의 수립과 진행 과정, 그리고 결과에 관한 것이다. 전자의 경우, 마야철도 건설 계획을 수립하고 진행하는 과정에서 해당 지역 주민의 의사를 반영하는 민주적인 절차와 참여의 과정이 있었는가 하는 점이다. 여기에 대해서는 원주민의 참여와 의견 수렴이 제대로 이루어지지 않았음을 비판하는 부정적인 견해가 지배적이다. 후자의 경우, 원주민 공동체에 대한 마야철도의 영향이 무엇인가 하는 점이다. 이것은 마야철도가 현재 원주민 공동체에 미치고 있는 영향뿐만 아니라 앞으로 가져올 결과까지 말하는 것이다. 이에 대해서, 일부는 경제 발전과 일자리 창출이라는 긍정적인 결과를 주장하고, 또 다른 일부는 환경과 원주민 공동체의 파괴라는 부정적인 영향을 주장한다. 주로 언론과 정부 측에서는 철도 건설이 가져올 경제적 효과를 강조하지만, 원주민 집단이나 환경 단체들은 생물다양성 파괴와 산림 훼손, 원주민 공동체의 파괴 등 부정적인 결과를 초래할 것이라고 주장하면서 반대하고 있다. 이러한 입장들 모두가 철도가 마야 지역의 생태환경과 원주민에게 가져오는 직접적이고 현상적인 사회경제적 결과에 초점이 맞춰져 있다. 이러한 해석은 철도가 상징하는 자본이 원주민의 문화와 의식, 정체성에 어떤 영향을 미치며 어떤 결과를 가져오는가에 관해서는 답을 제시해 주지 못하고 있다.

따라서, 이 글에서는 개발이 원주민이 사는 공간과 삶에 어떤 영향을 미치는지 멕시코의 마야철도 건설을 중심으로 살펴보고자 한다. 우선, 마야철도 건설에 필요한 자원 형성 과정을 살펴봄으로써 철도 건설에 누가 참여했고 어떤 역할을 했는지, 철도 건설이 갖는 의미가 무엇인지를 설명하고자 한다. 두 번째는 철도 건설이 마야 지역이라는 다양한 생태환경과 원주민을 포함하고 있는 공간을 어떻게 변화시키고 있는지 그것이 원주민의 영토성과 환경에 초래하는 결과가 무엇인지를 밝히고자 한다. 세 번째는 마야철도 건설이 원주민의 정체성과 그들의 인식에 어떤 영향을 미치는지, 변화된 원주민의 삶이 무엇을 의미하는지 살펴보고자 한다.

## 2 마야철도 건설

마야철도 프로젝트는 AMLO 대통령이 처음 구상한 것이 아니다. 유까딴반도의 마야 문명 지역을 관광 중심지로 만들려는 계획은 펠리뻬 깔데론 이노호사(Felipe Calderón Hinojosa, 2006-2012) 대통령과 엔리께 뻬냐 니에또(Enrique Peña Nieto, 2012-2018) 대통령 등 전임 대통령들도 가지고 있었다. 까를로스 살리나스 데 고르따리(Carlos Salinas de Gortari, 1988-1994) 대통령은 재임 시절부터 마야 문명 지역 5개국, 즉 멕시코, 과테말라, 온두라스, 엘살바도르를 관광과 상업으로 묶으려는 '마야 세계 루트(la Ruta del Mundo Maya)'를 건설하려는 계획을 수립했다. 하지만 자금 조달에 어려움을 겪으면서 성공하지 못했다.

AMLO 대통령은 2018년 7월에 당선되고 나서 두 달 만에 마야철도 프로젝트를 발표했다. 이 프로젝트는 치아빠스 주의 빨렌께에서 시작해서 긴따나 로(Quintana Roo) 주의 깐꾼까지 총 1,554킬로미터 길이로, 치아 빠스(Chiapas), 따바스꼬(Tabasco), 깜뻬체(Campeche), 유까딴(Yucatán), 긴따나 로 등 다섯 개 주를 잇는 거대한 사업이다. 멕시코에서 가장 연결 이 잘 안 되어 있고 가장 가난한 지역의 경제를 활성화한다는 명목 아래 그는 마야철도 프로젝트라는 야심 찬 계획을 세웠다. AMLO는 이 프로젝 트가 국가 안보의 문제이며 국가의 공공 이익을 위한 사업이라고 주장하 면서 자신의 임기가 끝나는 2024년까지 이 사업이 성공적으로 끝나야 함 을 강조했다.

문제는 이 거대한 프로젝트에 필요한 자금을 어떻게 조달할 것인 가였다. 2018년 12월에 멕시코 국가 관광 개발기금(Fondo Nacional de Fomento al Turismo, Fonatur)은 이 프로젝트를 주도하면서 3,210억 뻬소 (peso, 74억 달러)가 들어갈 것으로 예상했다.[2] 이 엄청난 비용을 충당하기 위해서 먼저 공공 자금, 즉 그 지역에서 거둬들이는 관광세와 멕시코 자동 차 경주 프로그램인 멕시코 그랑 프리(Mexican Grand Prix) 같은 프로그램 들에서 전용한 자금으로 충당하려고 했다. 하지만 그것은 턱없이 부족한 액수였다. 그래서 민간 자본을 끌어들였는데, 거기에는 국내 기업뿐 아니 라 외국의 초국적 기업들이 대거 참여했다. 마야철도 프로젝트 뒤에 초국 적 자본이 있다고 해도 과언이 아니다.

마야철도 프로젝트에 참여한 대표적인 기업에는 멕시코 기업인 까르 소 그룹(Grupo Carso)과 멕시코 그룹(Grupo México) 외에, 포르투갈 기

---

2) 2021년 현재 이 프로젝트에 들어갈 비용은 약 3,210억 뻬소로 예상하고 있다.

〈그림 1〉 • 마야철도.

출처: *Riviera Maya News*, Oct. 20, 2022.

업 모따 엔힐(Mota-Engil), 스페인 기업 FCC(Fomento de Construcciones y Contratas)와 ICA 그룹, 중국의 통신 건설사(Communications Construction Company), 프랑스의 알스톰(Alstom), 캐나다의 봄바르디에(Bombardier) 등이 있다. 모따 엔힐과 중국 통신 건설사는 둘 다 뇌물과 부패, 사기 등으로 고발을 당한 적이 있는데, 이 두 기업이 컨소시엄을 형성해서 프로젝트에 참여했다. 이 기업들은 마야철도 전체 구간 중에 일부를 맡아서 철도를 건설하고 있다.

그림에서 보는 바와 같이, 마야철도는 총 7개의 구간으로 이루어져 있으며 20개의 역(estación)과 14개의 간이역(paradero)이 있다. 각 구간의 공사를 맡고 있는 주요 기업이나 정부 조직을 살펴보면, 제1구간은 빨렌께에서부터 에스까르세가(Escárcega)까지 약 230킬로미터로 모따 엔힐과 중국 통신 건설사가 맡아서 공사하고 있다. 제2구간은 에스까르세가에서 깔끼니(Calkiní)까지 약 235킬로미터로, 까르소 그룹이 맡아서 진행하고 있으며, 여기에 스페인 기업 FCC도 참여하고 있다. 제3구간은 깔끼니에서 이사말(Izamal)까지 약 172킬로미터로, AF(Azvindi Ferroviario)가 맡고 있으며, 제4구간은 이사말에서 깐꾼까지 약 290킬로미터로 ICA 그룹이 맡고 있다. 제5구간은 깐꾼에서 마야 유적지가 있는 뚤룸(Tulum)까지 약 121킬로미터에 이르는데, 깐꾼에서 쁠라야 델 까르멘(Playa del Carmen)까지의 구간과 쁠라야 델 까르멘에서 뚤룸까지의 구간으로 나누어서 국방부(Secretaría de la Defensa Nacional, SEDENA)와 멕시코 그룹이 맡고 있다. 뚤룸에서 체뚜말(Chetumal)까지의 6구간과 체뚜말에서 에스까르세가까지의 7구간은 국방부가 맡고 있다.[3]

이렇듯, 마야철도는 전체 7개 구간 중에서 2개 구간을 제외하고는 민간 기업이 맡고 있다. 이 기업들은 3단계에 걸친 "공개적이고 국제적인" 입찰을 통해서 마야철도 건설 사업에 뛰어들었다. 그런데, 대부분이 그동안 멕시코 정부와 관계를 맺어 온 회사들이다. 모따 엔힐은 나야리(Nayarit)에서도 이미 대규모 건설 프로젝트에 참여하고 있으며, 까르소 그룹도 멕시코의 여러 정부와 다양한 계약을 맺은 역사가 있다. ICA는 4구간 건설을 입찰 없이 맡았는데, 정부는 이 회사가 기존 고속도로의 개발권 소유자임을 주장하면서 마야철도 건설 사업권 취득을 정당화했다.

AMLO 정부는 마야철도 프로젝트가 2018-2024 국가 발전 계획(Plan

---

3) 마야철도 건설에 국방부가 참여하게 된 것은 여러 가지 이유가 있다. 국방부는 인적 자원과 철도 건설에 필요한 기술과 풍부한 경험이 있을 뿐만 아니라 국방부가 참여할 경우 정보 공개를 의무적으로 하지 않아도 되는 이점이 있다. https://www.forbes.com.mx/sedena-tramo-5-tren-maya-elvado/(검색일: 2022년 10월 27일)

Nacional de Desarrollo)의 세 가지 축 중 하나로 유까딴반도 지역의 경제를 발전시킴으로써 그 지역 주민에게 경제적 혜택이 돌아가도록 하기 위한 사업이라고 주장하고 있다. 따바스꼬(Tabasco) 주 출신인 AMLO는 마야 철도 건설을 통해서 멕시코 남부 지역의 경제를 활성화함으로써 멕시코 북부와 남부의 부의 불균형을 해소하겠다는 야심을 가지고 있다.[4] 하지만 공적인 국가 기반 시설 건설에 민간 자본을 대거 끌어들이고 이권을 기업에 넘김으로써 그러한 주장이 무색해지고 말았다.

## 3 마야 원주민과 생태환경

유까딴반도에서는 원주민이 인구의 40% 정도를 차지하고 있으며, 이는 멕시코 평균보다 훨씬 많다. 유까딴 주, 치아빠스 주, 낀따나 로 주가 오아하까 주 다음으로 원주민 언어 사용자 비율이 높다. 그만큼 멕시코의 다른 지역에 비해서 유까딴반도에는 상대적으로 원주민이 많이 살고 있음을 말한다. 2015년 통계 자료에 따르면, 유까딴반도의 106개 무니시삐오(municipio) 중에서 5개 무니시삐오가 주민의 90% 이상, 15개 무니시삐오가 80% 이상 원주민 언어를 사용하고, 5개 무니시삐오만 원주민 언어를 사용하는 사람이 10% 이하다.

---

4) 이외에도 철도를 건설하려는 이유 중 하나는 기존 고속도로의 문제점 때문이다. 고속도로의 높은 통행료, 교통사고로 인한 야생동물들의 빈번한 사망 등이 줄곧 문제점으로 제기되어 왔다. Carlos Rosado van der Gracht, "Yucatán's fauna at great risk on highways and roads", *Yucatán Magazine*, April 7, 2021.

〈그림 2〉・유까딴반도의 마야 원주민.

출처: https://www.peopleareculture.com/the-culture-in-mexico/

　　유까딴반도의 대표적인 원주민 부족으로는 촐족(Ch'ol), 초칠족(Tsotsil),

첼딸족(Tzeltal), 또호라발족(Tojolabal), 깐호발족(Kanjobal), 하깔떼꼬족

(Jacalteco), 촌딸족(Chontal), 마야족(Maya) 등이 있다. 위의 〈그림 2〉에서

보는 바와 같이, 마야철도가 건설되는 주별로 보면, 치아빠스 주에는 아과까

떼꼬족(Aguacateco), 하깔떼꼬족, 깐호발족, 라깡돈 맘족, 또호라발족, 초

칠족, 소께족(Zoque) 등이, 따바스꼬 주에는 촌탈족, 나우아족이, 깜뻬체

주에는 하깔떼꼬족, 맘족, 깐호발족, 마야족이, 낀따나 로 주에는 하깔떼

꼬족, 맘족, 깐호발족, 마야족이, 유까딴 주에는 마야족이 거주하고 있다.

　　유까딴반도 원주민은 농업 공동체(communidades agrarias)나 에히도

(ejido)에 대부분 거주하고 있다. 이것은 원주민이 거주하는 법적인 영역

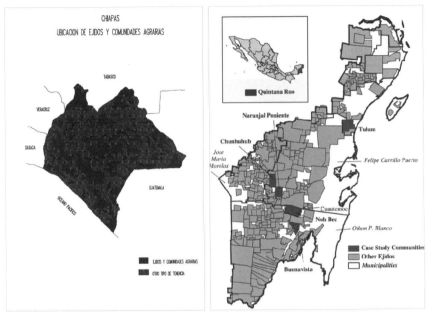

〈그림 3〉·치아빠스, 낀따나 로, 유까딴의 에히도와 농업 공동체들.

출처: *Yucatán Datos por Ejido y Comunidad Agraria*, México: Instituto Nacional de Estadística, Estadística e Informática, 1997.

으로, 무니시삐오 아래에 있는 행정 단위인 촌락을 의미한다. 에히도와 농업 공동체는 유까딴반도에 있는 토지의 56%와 숲의 3분의 2를 차지하고 있다. 에히도는 멕시코 혁명 후 이루어진 토지개혁으로 원주민에게 토지가 재분배되면서 형성된 토지 공유 공동체이며, 농업 공동체는 원주민들이 조상 대대로 내려온 토지를 수탈당했다가 돌려받은 촌락이다. 원주민들은 자신들의 땅이 조상 때부터 경작해 온 땅이라는 것을 입증하기가 쉽지 않았기 때문에, 종종 그러한 서류가 필요 없는 에히도로 등록했다. 그래서 유까딴반도에서는 원주민 촌락들이 대부분 에히도로 되어 있으며 거기에 원주민이 거주하고 있다.[5] 위의 〈그림 3〉에서 보는 바와 같이, 유까딴반도에는 주마다 에히도와 농업 공동체들이 대다수를 이루고 있다.

유까딴반도에서 원주민 전통이 비교적 강한 것은 이 지역이 마야 문명이 꽃피었던 곳이기 때문이다. 그래서 오늘날까지도 치첸이짜(Chichén-Itzá), 빨렌께(Palenque), 욱스말(Uxmal), 꼬바(Cobá), 뚤룸(Tulum), 깔락물(Calakmul), 마야빤(Mayapan) 등 마야 문명의 유적지들이 많이 남아 있다. 이러한 대표적인 유적 외에 최근에도 마야 유적들이 계속 발굴되고 있다. 특히 치첸이짜는 마야 고전기 후기(AD 600-900)에 북부 마야 저지대에 지어진 마야 유적으로 마야 문명의 도시 중에서 가장 규모가 크며, 오늘날 멕시코에서 관광객들이 가장 많이 찾는 곳이기도 하다.

이 유적들은 대부분 밀림 지대에 자리 잡고 있다. 열대 밀림은 마야 문명을 지탱하는 모든 생물이 살아 숨 쉬던 곳이었으며, 오늘날에도 원주민의 삶에 중요한 곳이다. 숲은 원주민이 살아가는 데 필요한 땔감, 식량, 약

---

5) 유까딴반도에는 1,405개의 에히도가 등록되어 있다.

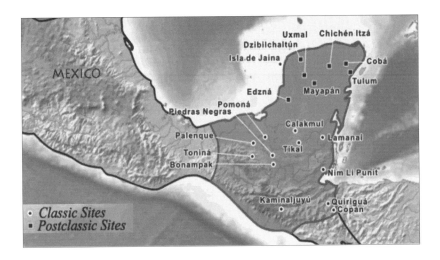

〈그림 4〉· 유까딴반도의 마야 유적지.

출처: https://mapdatabaseinfo.blogspot.com/2017/10/34-yucatan-peninsula-map-with-mayan.html

초 등 거의 모든 것을 제공해 주며, 원주민의 삶 그 자체이다. 유까딴반도

에는 유까딴, 깜뻬체, 낀따나 로에 이르는 1,300만 헥타르나 되는 멕시코

에서 가장 큰 열대우림이 있으며, 여기에는 흰 입술 페커리, 맥, 금강 앵무,

짖는 원숭이 등 다양한 동물이 살고 있어서 생물 다양성이 보존되고 있는

곳이다(Pérez Otrega and Jaber, 2022: 2). 예를 들어, 깜뻬체 주 밀림 지대에

있는 마야 유적지인 깔락물 주변 지역은 아메리카에서 두 번째로 큰 아열

대 숲이며, 생태 보호 구역으로 지정되어 있다. 그리고 유까딴반도 지역에

는 석회암이 붕괴하고 거기에 물이 고이면서 생긴 세노떼(cenotes)[6]가 많

은데, 이 세노떼들이 원주민의 주요 수자원 역할뿐만 아니라 관광 자원으

로도 활용되고 있다.

---

6) 유까딴반도에는 약 7,000개의 세노떼가 있는데, 강이나 호수가 별로 없어서 고대 마야
시대에는 세노떼가 주요 수자원의 원천이었으며, 인신 공희에 이용되기도 했다.

# 4 생태환경 파괴와 원주민 토지 수탈

이러한 생태환경과 원주민의 영토가 마야철도 건설로 심각하게 파괴되고 있다. 마야철도는 유까딴반도 지역을 두 갈래로 나누고 있다. 하나는 북쪽으로 에스까르세가에서 메리다를 거쳐 깐꾼까지 가는 루트이고, 다른 하나는 에스까르세가에서 뚤룸을 거쳐 깐꾼까지 가는 루트이다. 이 두 갈래의 철도는 건설 과정에 걸림돌이 되는 것은 인간이든 자연이든 모조리 치워 버리고 있다. 마야철도가 지나가는 지역 주변에는 15개의 연방 보호 지역과 20개의 주 보호 지역이 있는데, 거기에는 열대우림, 맹그로브, 사바나 등 다양한 숲과 초원이 자리하고 있다. 마야철도의 건설로 2,468헥타르의 밀림이 벌채되고 초원이 사라지면서 그 지역에 사는 생물들이 생존의 위기에 처해 있다. 예를 들어, 마야철도 1, 2, 3노선이 건설되는 곳에서는 606헥타르가 넘는 면적에서 11,904종의 식물이 뽑혀 나가고, 그 지역에 살던 재규어, 짖는 원숭이, 오셀롯(ocelot) 같은 동물들이 서식할 땅을 잃고, 일부 동물은 인간이 거주하는 공간으로 들어오고 있다. 철로뿐만 아니라 철도 주변에 부대 시설과 호텔, 상점 등 다양한 시설이 들어서야 하기 때문에 이러한 벌채로 인해 생태계가 심각하게 파괴되고 있다. 그리고 철도 건설로 석회암으로 형성된 세노떼들이 붕괴될 위험에 처해 있고, 지하수 오염으로 인한 물 부족 현상까지 초래될 수 있다.

두 번째 걸림돌은 마야 유적이다. 앞에서도 봤듯이, 이러한 생태 보호 지역에는 다양한 마야 유적이 있다. 철도가 지나가는 곳에 크고 작은 마야 유적이 1,300개 있는데, 이러한 유적들이 파괴되고 유실될 위험에 처해 있다. 마야철도가 지나는 마야 유적지에는 주요 철도역이 건설될 예정

〈그림 5〉・ 마야철도와 산림 파괴.
출처: *Reuters*, Jul. 22, 2022.

인데, 빨렌께, 이사말, 치첸이짜, 뚤룸, 체뚜말이 대표적이다. 국립 인류학 역사 연구소(Instituto Nacional de Antropología y Historia)의 고고학자들이 철도 건설 현장에 가서 발견되는 유물들을 다른 곳으로 옮기는 작업을 벌이고 있다. 이 연구소의 보고에 따르면, 마야철도의 첫 구간인 빨렌께에서 에스까르세나까지 구간에서 2,482개의 구조물, 80곳의 매장터, 60,000개의 도자기 파편이 새로 발굴되었다. 특히 마지막 구간인 7구간 중간에 있는 깔락물은 대표적인 마야 문명의 유적지로 6,500개의 고고학적 유물이 있는 지역이다. 이러한 지역들이 마야철도 건설로 파괴될 위기에 놓여 있다.

철도가 지나가는 길에 놓인 마지막 장애물은 원주민이다. 2019년 7월 국립관광개발기금(FONATUR)은 마야철도 건설을 위해서 250개의 공동체를 재조직할 계획이라고 발표했다. 기차역 근처에 집, 가게, 공원, 야생

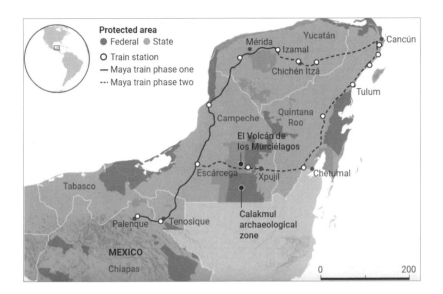

〈그림 6〉• 마야철도와 산림 보호 지역.

출처: Rodrigo Pérez Ortega y Inés Gutiérrez Jaber, "A controversial train heads for the Maya rainforest", *Science*, 19, Jan. 2022.

동물을 위한 다리 등을 건설하기 위해서는 철도 근처에 있는 공동체들을 재조정해야 한다. 〈그림 7〉에서 보는 바와 같이, 마야철도가 건설되는 곳 거의 모두가 에히도가 집중해 있는 지역이다. 그래서 원주민들은 삶의 터전인 토지를 잃고 2,000개가 넘는 원주민 가구가 강제 이주를 해야 하는 상황에 직면해 있다. 어떤 경우에는 에히도 공동체의 토지 일부를 철로와 부대 시설 건설을 위해서 강제로 내놓아야 했다. 예를 들면, 국립관광 개발기금은 낀따나 로 주에 있는 호수가 아름다운 바깔라르(Bacalar) 에히도 주민에게 철도 건설에 필요한 토지 1,000헥타르를 내놓을 것을 요구했다. 이처럼 원주민들은 에히도 공동체를 아예 떠나거나 공동체의 일부 토지를 강제로 수용당해야 하는 상황에 놓여 있다.

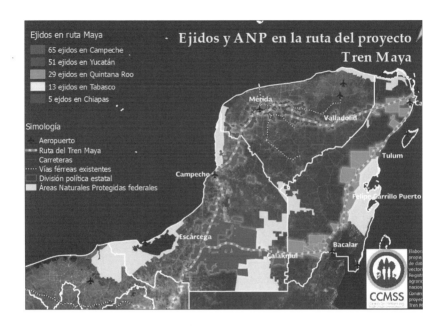

〈그림 7〉 • 에히도와 자연 보호 지역과 마야철도.
출처: Consejo Civil Mexicano para la Silvicultura Sostenible.

## 5 '부엔 비비르'의 파괴

마야철도 건설은 원주민 영토성 파괴뿐만 아니라 원주민 공동체의 분열까지 초래하고 있다. 우선, 공동체가 마야철도 건설에 찬성하는 쪽과 반대하는 쪽으로 나뉘고 있다. 마야철도 프로젝트에 찬성하는 일부 원주민은 철도 건설이 자신들에게 경제적 혜택을 가져올 것으로 생각하고 있다. 철도 건설로 인한 일자리 창출, 병원, 학교 등 편의 시설 확충, 교통 편의 등을 기대하는 것이다. 깔락물 지역의 경우, 그 지역에 있는 여러 마을의 주민들은 기반 시설이 부족한 것에 불만이 있었다.

무엇보다 일자리 창출은 가난한 원주민에게 중요한 의미가 있다. 정부는 마야철도 건설이 유까딴반도의 관광 수입을 20% 올리고 100만 개 이상의 일자리를 창출하여 멕시코 남부의 가난한 원주민의 삶을 개선해 줄 것이라 선전하고 있다. 2018년에 유까딴 인구의 40.8%가 빈곤선 아래에서 살고 있었으며, 그중에 12.5%는 극빈층이었다. 이처럼, 빈곤율과 실업률이 상대적으로 높은 멕시코 남부 유까딴반도의 원주민 중에는 정부의 이러한 주장을 받아들이고 철도 건설에 찬성하는 사람들이 있다. 실제로 깐꾼 지역에 관한 한 연구에 따르면, 설문 조사 대상자의 60%가 마야철도가 가져올 경제적 혜택에 대한 기대로 철도 건설에 동의했다.[7]

하지만, 원주민 대부분은 마야철도 건설에 반대하고 있다. 반대하는 근본적인 이유는 마야철도 프로젝트를 준비하고 시행하는 과정에서 원주민의 권리가 보장되지 않고, 원주민의 참여가 제대로 이루어지지 않아서 그들의 의견이 반영되지 않았다는 것 때문이다. 정부는 형식적인 절차 중 하나로 2018년 11월에 마야철도 프로젝트에 대한 찬성 여부를 묻는 국민투표를 실시했는데, 유권자의 1%도 채 안 되는 사람들이 찬성표를 던졌다. 이 프로젝트에 대한 국민의 지지가 아주 부족했음에도 불구하고, 2019년 11월과 12월, 이 프로젝트를 실행하는 데 필요한 법적 요건 중 하나인 원주민 공동체들과의 협의 과정을 서둘러서 마쳤다. 원주민 언어로 번역된 자료가 제대로 제공되지도 않았고 투표율도 낮았으므로, 참여자 92.3%의 찬성에도 불구하고 이 협의 과정은 원주민들의 인정을 받지 못했다.[8] 유

---

7) 설문 조사는 2018-2019년 깐꾼의 공원, 정거장, 교육기관 등 여러 공공장소에서 일반인 429명을 대상으로 실시된 것으로 원주민만을 대상으로 한 것이 아니었다.

8) 참여자의 92.3%가 찬성했다 하더라도, 실제 참석해서 투표한 인원은 총 100,940명밖에 되지 않았다.

엔 인권고등판무관 멕시코 사무국은 정부가 원주민과의 협의에 관한 국제 기준에 맞지 않게 했다고 비판했다. 환경영향평가가 이루어지기 전에 마야철도 건설의 위험성은 전혀 얘기되지 않고 철도 건설의 이점만 알리면서 원주민과의 협의가 요식 행위로 열렸다는 것이다.

원주민 공동체의 의견을 무시하고 형식적인 절차만을 거친 채 마야철도 건설을 강행한 정부의 처사에 유까딴반도 곳곳에서 원주민들이 반대하고 나섰다. AMLO가 마야철도 건설을 발표한 이후 사빠띠스따들도 계속 반대했는데, 2019년에 부사령관 모이세스는 "우리는 싸울 것입니다. 우리는 그들과 맞설 것입니다. 여기에서 로뻬스 오브라도르의 파괴적인 프로젝트를 통과시키는 것을 허용하지 않을 것입니다"라고 주장했다 (Yucatán Magazine, Jan. 19. 2019). 2020년 1월 1일에는 무장봉기 26주년을 기념하면서 사빠띠스따들은 마야철도 프로젝트에 대한 반대를 공식적으로 표명했다. 사빠띠스따들은 대통령이 원주민을 기만하고 자신들의 전통과 문화를 파괴하려 한다고 비판하면서 계속 투쟁할 것을 선언했다. 깔락물에 있는 엑스뿌힐(Xpujil) 지역의 원주민 위원회(el Consejo Regional Indígena y Popular de Xpujil)는 깜뻬체 주 환경자원부에다 268,000명의 서명자 명단과 함께 마야철도 프로젝트를 중단할 것을 요청하는 탄원서를 제출하고 주 법원에 소송을 제기했다.[9]

원주민 공동체들이 마야철도 건설을 둘러싸고 의견이 다르다 보니 공동체 내에서 또는 공동체 간에 갈등이 발생하고 있다. 특히 비원주민이 많

---

9) 2020년 2월에 엑스뿌힐 지역 원주민 위원회는 깔락물에 철도를 건설하는 것을 중단하라는 소송을 제기했는데 법원은 환경영향평가 절차를 제대로 거치지 않았다는 이유로 철도 건설을 일시 중단시켰다.

은 곳에서 그 갈등이 심하다. 예를 들면, 깜뻬체 주 법원의 마야철도 건설 중단 결정이 내려지자, 엑스뿌힐 지역 공동체들 간에 갈등이 발생했다. 4,000명 정도 되는 이 지역의 주민 중에는 원주민이 아닌 이주민들이 많다. 목재 상인들의 후손인 이 이주민들은 철도가 건설되면 관광객이 증가하고 운송이 빨라져서 이 지역에 혜택이 있을 것이라고 생각했다. 그런데 철도 건설이 중단되자 그들은 철도 건설을 반대하는 원주민들을 공격했다. 특히 그들은 엑스뿌힐 지역의 철도 건설 반대 투쟁을 이끄는 원주민 위원회의 성원들을 공격하고 심한 경우 살해까지 했다.

이렇듯 철도 건설은 분열과 갈등을 일으키면서 유까딴반도의 원주민 사회를 송두리째 흔들고 있다. 마야철도가 원주민의 영토뿐만 아니라 그들의 생각까지도 분열시키고 파괴하고 있다. 가난한 원주민들에게 마야철도가 가져올 것이라 기대하는 일자리나 교통 편의 등 경제적 혜택은 외면하기 힘든 유혹이다. 생존의 문제가 절박한 그들에게 조금이라도 돈을 벌 기회가 생긴다는 것은 중요한 일이 아닐 수 없다. 어차피 그들에게 자본과 권력은 거부하기 힘든 거대한 힘이다. 거부할 수 없을 바에야 받아들이고 누릴 수 있는 건 누려야 한다고 생각하는 것이다.

그런데 마야철도 건설에 반대하는 사람들은 그러한 경제적 혜택이 의미하는 것이 무엇인지 알기 때문에 거부한다. 거의 일방적인 정부 결정에 대해 원주민들이 원주민의 권리 위반이라고 목숨 걸고 싸우는 이유가 있다. 그것은 바로 그들의 정체성과 그들이 추구하는 삶, '부엔 비비르(Buen Vivir)'를 지키기 위해서다. 부엔 비비르는 원래 안데스 원주민이 추구하는 삶, 께추아어로 수막 까우사이(Sumak Kawsay)의 스페인어 표현이다. 그것은 '충만한 삶', '조화로운 삶'을 의미한다. 안데스 원주민은 공동체에서 자연과 인간이 조화를 이루면서 공존하는 삶을 추구한다. 마야 원주민도 이와 같은 삶을 추구하는데 마야어로 '레낄 꾹스레할(Lekil Kuxlejal)'로 표현된다.[10] 원주민들은 인간과 자연을 분리해서 사고하지 않는다. 인간은 자연의 일부이며 자연은 모든 것에 생명을 부여하는 어머니 같은 존재이자 생명의 원천인 어머니 대지(Tierra Madre)라고 생각한다. 인간은 자연과 함께 생명 공동체를 이루고 있다. 그래서 마야 원주민들은 나무 한 그루 풀 한 포기도 자식같이 생각하며 소중히 다룬다. 인간과 자연이 서로 긴밀한 관계 속에서 공동체를 이루고 있으므로 존중하고 협력해야 한다고 생각하는 것이다.

이러한 인식은 마야 원주민의 세계관에서 핵심 요소인 이원론과 상호성에서 비롯되는 것이다. 마야인들은 모든 것이 대립적인 두 가지 성질을 가지고 있으며, 그것들이 상호 보완적이라고 생각한다. 우주의 질서는 이 두 가지 대립적인 성질의 상호 보완 속에서 유지된다. 어느 하나도 독립적으로 존재하는 것은 불가능하며, 따라서 모든 존재는 서로 의지하며 도와야 한다.

이러한 원주민의 세계관은 신과 인간의 관계에서도 분명하게 드러난다. 마야인들에게 인간은 불완전하며, 따라서 신을 도우면서 동시에 신의 도움을 받기 위해 만들어진 존재이다. 신과 인간의 긴밀한 상호 관계는 이 세상의 지속과 인간의 생존을 위해 필수불가결하다. 그러한 상호 관계에서 중요한 것이 인간의 노동이다. 노동은 인간 개인이 신들과 주고받을 수 있는 중요한 교환물 중 하나이다. 그래서 마야인들에게 노동은 인간이 신

---

10) 지속가능한 삶을 의미하는 초칠족(Tsotsil) 개념이다.

을 위해서 해야 하는 본질적인 행위이다. 인간은 자신을 지켜 주는 신을 위해서 노동을 해야 하는 것이다.

이러한 점에서 토지는 마야 원주민에게 신과 관계를 맺을 수 있는 아주 중요한 수단이다. 인간은 토지에서의 노동을 통해서 신과 관계를 맺게 되기 때문이다. 그리고 마야 원주민에게 토지는 신과 인간과 자연이 공존하는 아주 소중한 공간이다. 왜냐하면, 토지는 스스로 열매를 맺지도 경작하지도 못한다. 오직 인간만이 땅을 경작할 수 있기 때문이다. 그런데 인간은 땅의 생산에 필요한 햇빛이나 물 등을 제공하며 성장시키고 발아시킬 힘이 없다. 그 힘은 신만이 제공할 수 있다. 그러므로 토지에서 무엇인가를 생산하는 일은 신과 인간과 자연의 공동 작업이다. 땅은 원주민의 삶이 고스란히 담겨 있는 자연 공간이다.

그러기에 원주민들이 토지를 잃는다는 것, 그들의 터전인 땅을 빼앗긴다는 것은 그들이 믿는 신과의 관계, 자연과의 관계, 이 모든 것이 파괴되는 것을 의미한다. 그것은 우주의 질서가 파괴되는 것이고 따라서 그들의 존재 자체가 위협당하는 것이다. 마야 원주민들이 생태환경 파괴에 반대하는 이유도 원주민과 생태환경은 분리된 것이 아니라, 생명 공동체 안에서 긴밀하게 연결된 하나이기 때문이다. 이 공동체 안에는 이러한 자연뿐만 아니라 조상 대대로 이어져 온 마야 문명 유적까지 다 포함된다. 강제 이주를 할 경우, 원주민은 대부분 뿔뿔이 흩어지게 되고 결국은 그들이 유지해 온 이러한 생명 공동체가 완전히 파괴되고 만다.

이러한 이유로 인해서 원주민들은 철도 개발을 하더라도 그 과정에 자신들이 참여해서 자신들의 삶의 방식이 존중되고 보호받기를 바란다. 정책 결정이 정부에 의해서 일방적으로 이루어지는 것이 아니라, 원주민들의 권리가 보장되는 가운데 그들의 부엔 비비르가 최대한 파괴되지 않는 방식으로 이루어져야 한다고 생각한다. 그들은 당장 눈앞에 보이는 물질적 혜택보다는 자신들의 정체성이 존중되고 삶의 방식이 유지되는 개발을 원하는 것이다. 옥뚠(Hóctun) 무니시삐오[11]의 마야 공동체의 한 원주민은 마야철도 건설을 스페인의 정복이 계속되는 것이라고 주장하면서 외부인들이 원주민 공동체들의 토지를 침탈하고 있다고 비판했다.

그러므로 정부가 마야철도 개발의 혜택이라고 강조하는 일자리들도 원주민에게 크게 중요하지 않다. 철도 건설로 원주민에게 일자리가 창출된다고 하더라도, 그것은 원주민이 주로 호텔, 식당, 가게 등에서 종업원으로 고용되는 것을 의미한다. 그것이 원주민의 삶을 근본적으로 개선해 주는 것은 아니다. 결국, 원주민이 원주민으로서의 자율성과 정체성을 상실하고 자본주의 사회의 서비스업계 종업원으로 전락하게 되는 것을 뜻한다. 그들은 마야인이 아니라 외부에서 들어오는 관광객들에게 편의를 제공하는 일에 종사하는, 자본주의 사회의 주변인으로 살아가게 되는 것이다. 그러면서 원주민들은 상대적 박탈감과 위화감을 느끼게 된다. 마누엘 뿍(Manuel Puc)이라는 한 원주민이 《엘 빠이스(El País)》지와의 인터뷰에서 한 말이 이것을 잘 말해 준다. "결국 우리는 항상 그들의 화장실을 청소하는 것으로 끝난다. (……) 왜 우리는 항상 여행자들을 위해서 벽돌공이나 웨이터가 되어야 하는가? 우리는 철도가 아니라 좋은 대학이나 의료 장비가 잘 갖춰진 병원을 원할지도 모른다."

---

11) 유까딴 주에 있는 106개 무니시삐오 중 하나로 메리다에서 동쪽으로 45킬로미터 떨어져 있다.

# 6 맺음말

지금까지 살펴본 바와 같이 멕시코 유까딴반도에서 건설되고 있는 마야철도는 그 지역의 생태환경과 원주민 공동체에 심각한 영향을 미치고 있다. 멕시코 남부의 관광 산업을 활성화하겠다는 목적으로 시행되고 있는 마야철도 건설 사업은 생물다양성 보호 지역을 파괴하고 원주민 공동체의 존재 자체를 위협하고 있다. 빨렌께에서 깐꾼까지 연결하는 두 개의 철도 노선이 대부분 열대 밀림 지대와 원주민 공동체들을 관통하고 있기 때문이다. 유명한 마야 유적지들과 카리브해 해변 휴양지들을 연결하는 어마어마한 길이의 마야철도가 지나가는 길에 걸림돌이 되는 것은 모두 다 제거할 기세다.

물론 현재 마야철도 건설 사업은 진행 중이기 때문에 이 사업이 원주민 공동체에 미치는 영향에 대해서 미리 결론을 내리기는 쉽지 않다. 하지만 이미 건설 현장 곳곳에서 벌목과 발파 등으로 인해 생태환경이 파괴되고 있고, 강제 이주나 토지 강제 수용 등으로 인해서 원주민 공동체가 파괴되고 있는 것이 사실이다. 철도 건설에 대해서 찬반으로 의견이 갈리면서 원주민 공동체 자체가 분열되고 있는 것도 원주민들에게는 큰 상처가 되고 있다. 조용했던 마을이 철도 건설 문제로 시끄러워지고 갈등이 생기면서 두 동강이 나는 경우도 있다. 정부가 일부 주민을 돈으로 매수한다든지 하는 식으로 이러한 분열을 부추기기도 한다.

그런데 이러한 개발 사업의 가장 근본적인 문제점은 개발 지역 주민, 특히 원주민의 의견이 제대로 수렴되지 않은 채 진행된다는 것이다. 마야철도 건설 사업은 정부가 남부 지역의 경제를 발전시킨다는 명목으로 주도해서 '위에서부터 아래로' 계획된 것이었다. 거기에 국방부의 참여도 있었지만, 국내외 민간 자본을 대거 끌어들임으로써 자본의 이익이 우선되었다. 원주민의 의견을 수렴하는 절차는 환경영향평가를 받기도 전에 마야철도 건설에 대한 자세한 정보도 제공되지 않은 채 형식적으로 진행되었다. 그것은 법적으로 문제되지 않게 하기 위한 요식 행위였다. 그래서 원주민 공동체와 마야철도가 조화롭게 공존할 수 있는 개발을 모색하는 작업은 전혀 이루어지지 않았다.

그래서 원주민들은 이에 필사적으로 저항할 수밖에 없다. 철도 건설은 이미 원주민의 토지를 빼앗고 그들을 강제 이주시키는 등 그들의 삶을 근본적으로 뒤흔들어 놓고 있기 때문이다. 일부 원주민은 새로운 일자리가 생기고 경제적으로 더 나은 삶을 살 수 있으리라는 것을 기대하며 마야철도 건설에 찬성하고 있다. 철도 건설이 물질적인 부를 가져다줄 것이라고 생각하기 때문이다. 하지만 대다수는 그러한 일자리가 무엇을 의미하는지, 자신들의 삶의 전부인 땅을 잃는다는 것이 무엇을 의미하는지 잘 알고 있다. 그래서 그들은 철도 건설에 반대하면서 싸우고 있다. 이 싸움은 땅이 상징하는 그들의 문화와 전통, 즉 그들의 삶의 방식인 '부엔 비비르'를 지키려는 것이다.

그렇다고 해서 원주민이 개발 자체를 반대하는 것이 아니다. 원주민도 경제적으로 더 나은 삶을 살고자 한다. 그들이 반대하는 것은 마야철도 건설처럼, 정부가 원주민의 의견을 무시한 채 일방적으로 추진하는 자본주의적인 개발이다. 중요한 것은 어떤 식의 개발인가, 누구를 위한 개발인가이다. 그들은 자신들이 주체로 참여한 가운데 이루어지는 개발, 그들의 공동체가 파괴되지 않으면서 자연과 조화를 이루며 공존할 수 있는 개발을 원한다. 그래서 그들은 마야철도 프로젝트가 수립되고 시행되는 과정이 정부와 자본에 의해서 일방적으로 이루어지는 것에 반대한다. 그 과정에 원주민의 참여가 이루어지지 않고 그들의 의견이 반영되지 않은 것을 문제 삼는 것이다. 철도 건설로 얻어지는 일자리나 교통 편의 같은 것도 중요하지만, 그것보다는 그들 자신과 그들이 살아온 삶이 존중되기를 원하는 것이다. 자연과의 조화와 공존이라는 가치가 무시당하는 개발은 원주민에게 의미가 없으며, 그들의 존재 자체를 부정당하는 것이다. 그래서 그들은 성장보다는 탈성장을 원하며, 개발이 불가피하게 이루어져야 한다면 자본 주도의 무자비하고 종속적인 개발보다는 그들의 삶이 유지·발전될 수 있는 개발을 원한다. 그것은 분명히 지금까지 이루어진 자본주의적인 발전 방식과는 다를 것이라고 생각한다.

# 제 6 장

# 브라질 원주민 문제의 현재화와 생태시민성:

## 까바나젱과 넹가뚜어의 의미 복원*

양은미

---

* 이 글은 『라틴아메리카연구』 35권 1호에 실린 필자의 논문 「까바나젱과 넹가뚜어의 지위 변화: 브라질 원주민 문제의 현재성과 탈식민적 시민성 건설」(2022)을 요약·수정한 것이다.

# 1 왜 지금 원주민 문제인가

해묵은 화두인 라틴아메리카의 원주민 문제는 새롭게 다뤄질 수 있을까? 특히 전체 인구 대비 원주민 비율이 낮은 브라질에서 원주민은 정책과 시선의 일방적 객체에서 주체로 자리매김할 수 있을까?

브라질 원주민 논의는 약하게나마 꾸준히 명맥을 유지하고 있고, 원주민 보호구역부터 보건, 언어, 예술, 생물 및 문화적 다양성, 고등교육 참여와 주체성, 시민성에 이르기까지 논의의 폭도 다양해졌다. 한국의 관련 기사에서 많이 다룬 것은 아마존 삼림 벌채, 화재, 목축업 확장, 멸종 위기 동물, 싱구 강 유역의 댐 건설로 인한 주변 생태계 및 원주민의 전통과 생활권 파괴, 원주민들의 이웃 국가 원주민 공동체 및 국제 구호 단체와의 연대 투쟁에 관한 것이다. 특히 나의 관심을 끄는 주제 중 하나는 원주민의 주체성 회복 노력으로, 한국 뉴스나 기사에서 흔히 다뤄지는 주제는 아니다. 하지만 관심을 가지고 들여다보면 원주민의 권리 보장을 위한 움직임, 원주민이 그저 대상이 아닌 주체가 된 노력들이 꾸준히 포착된다. 그중 원주민어 공식화 노력은 가장 가시적이고 제도적인 성과를 일궈 냈다. 2002년 서웅가브리에우다까쇼에이라(São Gabriel da Cachoeira) 시를 시작으로 브라질 곳곳에서 유사한 노력들이 계속되고 있고 그 성격도 다양해졌다.

이제 이러한 변화가 그저 서류상으로 존재하는 데 그치지 않고 실질적인 원주민 지위의 변화로 이어질 수 있을까? 만약 브라질 원주민들의 주체성 회복을 위한 지금의 노력이 전처럼 회의적으로만 보이지 않는다면, 이는 이 문제가 브라질과 라틴아메리카를 넘어선 전 지구적 차원의 환경·생태 위기라는 거대한 맥락 속에 있기 때문일 것이다. 신자유주의가 불평등을 심화시킨다는 것은 그 자체로 매우 심각한 문제지만 대개는 진부한 비판으로 취급되기 십상이다. 불평등 자체는 이 패러다임을 뒤집을 충분한 이유가 되지 못했고, 그 틀의 혜택을 향유하고 있는 자들에게는 오히려 그러한 부의 편중이 패러다임 유지를 위한 매력적인 이유였다고까지 말할 수 있다. 그런 차이와 상관없이 모두가 변화의 필요성을 인정하게 만든 것은 물질 문명의 눈부신 발전을 위해 한계가 없는 듯 이용되었던 자연이 심각하게 병들었다는, 가진 자와 못 가진 자 간에 비로소 공유된 위기 인식이다. 가난한 나라, 가난한 지역, 가난한 자들에게만 유독 잔인해 보였던 자연과 생태계의 파괴가 가져온 결과는 이제 모든 나라, 모든 개인의 일상 곳곳에 작용하고 있다.

생태니 자연이니 하는 것들은 원주민들과만 상관 있다는 생각도 도전을 받고 있다. 아마존은 그나마 '지구의 허파'라는 오래된 상징적 별명 덕에 '우리의 아마존'이라는 세계적 책임과 권리의 대상으로 꾸준히 거론돼

왔다. 비록 다소 일관성이 결여돼 있고 피상적이기는 하지만 말이다. 그러던 것이 모두에게 미친 환경 위기 앞에 우리 삶을 산업지상주의에서 생태적 관계에 입각한 삶으로 전환할 필요가 있다는 데 광범위한 동의가 확산되면서 원주민 관련 제반 이슈에 대한 사회의 접근 방식도 변화의 조짐을 보이고 있다. 브라질에는 흔히 우리가 떠올리는 것과 달리 아마존 말고도 나라 전역에 원주민이 분포해 있다. 다만 전체 인구에서 차지하는 비중이 약 0.5%로 매우 작아서 주로 이웃 안데스 국가 및 국제 사회와의 연대를 통해 원주민 문제에 대한 국내 사회의 관심을 유지할 수 있었다. 그런 브라질에서도 이제 원주민 문제가 단지 과거의 유산이 아니라 현재와 미래의 문제이자 브라질 전체의 문제라고 말하는 목소리에 불편해하는 이들이 제법 많아지고 있다. 고무적인 현상이다. 이제는 '의식'하는 이들이 많아지고 있다는 뜻이기 때문이다. 이런 변화는 먼저 원주민의 지위를 브라질 속 이방인이 아닌 여타 성원들과 동등한 시민으로 회복시켜야 한다는, 이른바 원주민과의 관계 맺기가 다시 이루어져야 한다는 도전을 브라질 사회에 던져 준다. 나아가 아마존과 원주민을 향한 파편적이고 얕았던 브라질 밖의 우리의 관심과 생각도 이제 좀 더 총체적이어야 한다는 도전을 제기한다. 아마존이 진짜 우리의 것이라면 말이다.

지금은 원주민 언어의 공식화를 매개로 브라질 내 원주민 논의의 차원이 심화·확대되는 상승효과가 발생하는 상황을 살펴보고, 이러한 국면이 원주민을 비롯한 브라질 사회의 소외 문제와 새로운 시민성, 탈식민적 정체성 구축과 실천 방법 모색에 있어 어떤 가능성을 시사하는지 전망해 보기에 좋은 시점이다. 브라질공화국 역사상 최초로 한 시의 공식 언어로 인정된 뚜삐낭바어(Tupinambá) 기반의 넹가뚜어(Nheengatu)의 역사를 살펴보는 것이 그 시작이 될 수 있다. 넹가뚜어의 역사는 그것이 아마존 일반어(Língua Geral Amazônica)라 불렸던 16세기부터 시작되며, 현재에 이르기까지 그 역할과 지위가 변화해 왔다. 여기서는 특히 두 시기를 조명한다. 첫 번째 시기는 일반어 사용이 금지되고 브라질 원주민에 대한 포르투갈의 시선과 대우가 새로운 국면에 접어든 18세기 후반 뽕발 재상(Marquês de Pombal)의 개혁과 브라질 내 포르투갈어 헤게모니 구축 시기이다. 두 번째 시기는 브라질 역사에서 가장 가시적으로 원주민의 정체성 발로와 세계 읽기가 드러나는 까바나젱(Cabanagem, 1835-1840)이다. 아마존 일반어에서 넹가뚜어로 이름이 굳어지고 넹가뚜어가 원주민, 까보끌루, 흑인 등 주변부 인구와의 접촉과 연대를 통해 저항의 언어로 변모해 가는 과정을 추적하고자 함이다. 이 두 시기, 특히 까바나젱이라는 역사적 사건의 의미를 복원하는 것은 매우 중요하다. 2000년대부터 힘을 얻고 있는 원주민어 공식화 추세를 중심으로 원주민 고등교육 참여와 지식 생산 참여를 위해 다양한 주체가 일궈 온 여러 행보를 파편적이 아닌, 브라질 원주민 정체성 회복을 위한 일련의 움직임으로 꿸 수 있게 해주기 때문이다.

## 2 금지된 원주민어와 아마존의 포르투갈화

정복 이후 브라질, 특히 원주민에 대한 포르투갈의 공식 입장은 뽕발 개혁 전후로 나뉜다. 초기에 포르투갈은 해안가를 중심으로 가장 많이 사용되던 뚜삐어 계통의 원주민 말과 이후 이를 변형해 만들어진 일반어 사용을 정책적으로 권장했다. 브라질이라는 방대한 식민지를 효율적으로 운영하기 위해서였다. 18세기 초까지 포르투갈 왕실은 이 입장을 유지한다. 예수회는 원주민들의 교화를 위해 뚜삐어를 적극 사용했고, 곧 여기에 포르투갈어 문법 체계를 입혀 아마존 일반어[1]라는 인공어를 탄생시켰다. 교리 교육과 설교를 위해 문자화·체계화된 이 언어는 선교 부락뿐 아니라 식민지 내 포르투갈인들의 활동 전반에도 매우 편리하게 사용됐고, 그 자녀들에게도 의무적으로 가르쳐야 했다. 유독 아마존에서 뚜삐어와 일반어의 지위가 특별했던 것은 남동부 지역과의 상이한 지리적 특성 때문이다. 남동부는 높은 접근성과 활발한 개척 활동으로 포르투갈인 정주 인구가 많았던 반면 아마존을 비롯한 북부는 그 수가 훨씬 적었다. 식민 통치자들은 일찌감치 원주민이 대다수인 북부에서 처음부터 포르투갈어를 강제 주입하는 것이 비현실적이라 판단했다. 그런 상황 때문에 남동부에서는 일반어의 쇠퇴와 포르투갈어 헤게모니 구축이 빨리 이루어질 수 있었고, 아마존 일대에서는 일반어와 원주민 언어, 원주민 노동력에 더 오래 의존할 수밖에 없었다.

하지만 아마존 일반어가 가장 체계화되고 사용 범위가 그 어느 때보다

---

1) 아마존 일반어의 다른 이름은 넹가뚜어다. 정복 후 아마존 지역에서 공통으로 사용된 뚜삐낭바어-아마존 일반어-넹가뚜어라는 명칭 간에 명확한 시기적 구분이 있는 것은 아니다. 다만 어느 정도의 순차성은 분명 존재한다. 순수한 원주민 말이었던 뚜삐낭바어가 다수 원주민들에 의해 사용되다 정복자의 선택을 받고 17세기부터 예수회에 의해 체계화돼 공식적으로 "아마존 일반어"로서 확산됐으며, 포르투갈어 단일 언어화가 진행된 18세기 중반을 전후로 넹가뚜어라는 이름으로 불리게 됐다. 여기서는 글의 중심이 되는 두 사건인 뽕발 개혁과 까바나젬을 기준으로 명칭을 구분한다. 즉, 새로운 법령에도 불구하고 아직 포르투갈어 단일화가 이뤄지지 않았던 19세기 중반경까지는 아마존 일반어로, 그 후부터는 까바나젬을 계기로 일반어의 지위를 잃고 아마존의 다양한 주변부 구성원들 간 접촉의 언어로 변모하게 된 점에 초점을 두고 넹가뚜어로 지칭할 것이다.

확장됐던 18세기 중반은 쇠퇴기의 시작이기도 하다. 포르투갈의 뽕발 재상이 1758년 8월 17일자 '원주민 법령(Diretório dos Índios(1757-1798), 이하 Diretório)'을 통해 뚜삐어와 일반어 사용 및 교육을 전면 금지한 것이다. 뽕발은 재임 기간(1750-1777) 동안 포르투갈과 그 식민지들을 대상으로 대대적인 개혁을 했는데, 언어의 단일화도 그중 하나였다. 아마존도 예외일 수 없었다. 포르투갈은 일련의 단호한 조치를 통해 아마존의 포르투갈화를 이루고자 했다. 'Diretório'는 식민지에 부과할 지침들을 95개 조항에 걸쳐 법제화한 것으로, 교육, 노동력 관리, 원주민과 식민 정복자 간의 관계 등을 규정했다. 예수회의 주도로 선교 부락 중심으로 짜여졌던 아마존 사회는 포르투갈 왕실의 개혁 지침에 따라 공공 행정 구역으로 재편됐다. 또 포르투갈어 단일화와 원주민-백인 결혼 장려에 이르기까지 원주민의 식민 사회 흡수를 요지로 하는 세부 정책들이 광범위하게 시행됐다. 뚜삐어와 일반어의 근절 정책은 식민지의 전면 포르투갈화라는 과제 이행에서 가장 가시적이고 급진적인 조치였다. 한 조항에는 식민 사회의 야만성을 제거하기 위한 필수 수단으로 포르투갈어 사용을 의무화한다는 내용을 자세히 다루고 있다.

새로운 영역을 정복한 모든 국가에서는 정복된 민족에게 즉시 자신의 언어를 도입하는 것이 늘 변함없이 실행되어 온 격언이었다. 이것이 시골 사람들에게서 고대 관습의 야만성을 제거하는 가장 효과적 수단 중 하나라는 것에는 의심의 여지가 없기 때문이다. (……) 세계의 모든 지각 있는 국가가 이 신중하고 견고한 체계를 지켰음에 반해, 이 정복에서는 반대되는 방식으로 (……) 최초의 정복자들 오직 그들이 일반어라고 부르는 언어의 사용을 확립하는 데만 주의를 기울였다. 이는 진정 가증스럽고 사악한 발명품으로, 인디오를 문명화할 수 있는 모든 다른 수단을 박탈하고 대신 지금까지도 보존되어 있는 시골스럽고 야만적인 예속 상태에 머물게 했다. 이 가장 해로운 학대를 없애기 위해 학교에 속한 소년·소녀들, 그리고 이 문제에 대해 교육할 수 있는 모든 인디오가 자기네 부족어나 일반어를 사용하는 것을 어떤 식으로든 허용하지 않고, 각자의 마을에서 포르투갈어 사용을 확립하는 것이 감독들의 주요 관리 사항 중 하나가 될 것이다(Diretório 6항).

모든 원주민어, 특히 일반어 사용 금지와 포르투갈어 교육 및 사용 의무화의 파장은 광범위했다. 학교에서 일반어를 가르치는 것은 물론, 상거래 및 법정에서의 사용도 불법화됐다. 일반어로 이루어지던 회심, 고해성사, 의례 같은 종교 활동에도 이제 포르투갈어만 허용됐다. 원주민 말로 도시 이름을 지을 수도 없었고 원주민어 이름을 가진 도시에 대해서는 개명 조치가 내려졌다(Borges, 1996: 49-50).

포르투갈은 'Diretório'를 통해 원주민 인구의 식민 사회 통합과 아마존 지역의 식민 사회 중심부로의 통합, 나아가 브라질을 포함한 식민지 질서가 포르투갈 왕실을 중심으로 편성되도록 총체적 재편을 단행하고자 했다. 이 법은 유럽의 것을 모델로 했지만, 동시에 식민지의 현실로부터 출발했기 때문에 원주민 관련 정책 수립에 있어 식민지와 본국의 갈등이 불가피했다(Coelho, 2009). 아직 식민 체제에 온전히 편입되지 않았던 원주민의 통합은 당시 원주민의 영적 교육을 맡고 있었던 예수회의 권한을 박탈함으로써 가능할 터였다. 이 시기 선교사들은 왕실의 조력자라기보다는 왕실과 어깨를 나란히 하는 권력을 가지게 됐고, 이는 분열되지 않은 복종을 토대로 한 강력한 중앙 집권 체제 구축에 위협으로 인식됐다(Borges, 1996: 50). 특히 타 지역과 비교해 아마존에서는 원주민 노동력에의 의존도가 훨씬 더 높았고, 원주민들이 예수회의 영향 아래 있던 기간도 길었다. 따라서 'Diretório'는 아마존에서 가장 온전하고 충실히 집행됐고, 그때까지 식민 체제의 변방으로 취급됐던 아마존은 이제 포르투갈의 가장 큰 간섭을 받게 됐다(Coelho, 2009).[2] 1549년 브라질 식민 통치 방식이 총독제로 전환되며 또메 드 소우자와 최초로 브라질 땅을 밟은 예수회는 1759년 공식적으로 축출됐다.[3] 그 전후로 일어난 프랑스, 스페인과 그 식민지 영토에서의 예수회 추방은 권력과 영토를 둘러싼 교회와 국가의 갈등과 분열을 본질로 하는 것이었다. 넹가뚜어 금지와 포르투갈어의 공식화는 브라질의 원주민성의 잔재와 그것의 잠재적 성장에 대응한 것인 동시에 기존 가톨릭 국가들과 그 식민지들의 교회 권력에 대항한 포르투갈의 국가 헤게모니 구축 의지의 표출이었다.

포르투갈어와 잠시 평행선상에 있었던 넹가뚜어의 예정된 길이, 적어도 포르투갈 정복자들의 계획에서는 축소 혹은 사멸이었다는 점은 새삼스럽지 않다. 많은 기록이 뚜삐낭바어가 유일한 언어로서 추구된 적은 없으며 궁극적 지향점은 포르투갈어 단일 언어 체계였다는 데 무게를 싣고 있다. 칙령과 법령에서 보이는 왕실의 입장 변화는 브라질의 인구학적 특징의 변화와 관련이 있다. 정복 초 원주민의 우세한 수와 땅과 자연에 대

---

2) 포르투갈 왕실은 이미 1758년 인디오의 확정 해방 절차를 끝냈고, 사우바도르, 히우지자네이루와 같은 브라질의 경제 중심지에서는 1550년부터 아프리카로부터 흑인을 노예로 수입하기 시작했다(Fausto, 2006: 50-51).
3) 상파울루 지역에서는 훨씬 앞선 1640년에 추방됐고, 1762년에는 포르투갈 제국의 모든 영토에서 예수회가 추방됐다.

한 그들의 지식 덕분에 뚜삐어는 공통 언어가 될 수 있었다. 반대로 원주민 수가 급격히 감소하고 포르투갈인, 백인-원주민 혼혈인 까보끌루 수가 증가하면서 뚜삐어가 누려 왔던 아마존 전 지역 공통 언어라는 지위는 흔들렸다. 훗날 원주민 노동력이 아프리카 흑인 노예로 대체되면서부터는 더욱 그렇다. 하지만, 의도와 달리 넹가뚜어는 시간이 가며 오히려 더 강력한 소통 도구로 사용됐다. 출신 성분이 다른 다양한 브라질 구성원 간 소통 언어의 역할을 하게 된 것이다. 생각했던 것보다 더 큰 위협으로 인식되기 시작하면서 그 지위는 보다 적극적으로 '박탈'해야 할 대상이 됐다.

## 3 까바나젱: 저항의 언어 넹가뚜어와 원주민 정체성의 태동

19세기 중반 약 5년간 지속된 까바나젱은 흔히 제국 시대에 발생한 가장 격렬했던 봉기 중 하나로 알려져 있다. 까바나젱은 그 자체로 식민지의 주변적 구성원이었던 원주민과 까보끌루의 정체성과 본국과의 분리 의식 태동이라는 중요한 주제를 논할 수 있는 상징적 사건이다. 이 시기 넹가뚜어는 포르투갈어화 정책에 압도돼 소멸해 버리는 대신 식민지 내의 타자화된 주체들, 즉 주변부 구성원들 간의 새로운 '접촉'을 매개함으로써 다른 언어들과의 접촉을 통해 재탄생했고, 미래에도 존재할 가능성을 갖게 됐다. 이것이 우리가 오늘날 까바나젱에 집중해야 할 이유이다.

## (1) 뽕발이 의도한 통합의 방향과 식민지 브라질과의 갈등

까바나젱의 의미를 온전히 이해하려면 뽕발이 구상한 통합의 성격을 좀 더 면밀히 볼 필요가 있다. 브라질 식민화의 길은 원주민을 식민 사회로 완전히 통합하고 포르투갈 남성과 원주민 여성 간 결혼을 장려해 까보끌루 인구를 증가시키는 것으로 요약된다. 뒤늦게 브라질 식민화를 본격 구상하기 시작한 포르투갈은 인디오 모델과 유럽 모델의 극복을 과제로 삼았다. 그 시작점으로 까보끌루는 이상적인 인구 모델이었다. 뽕발은 원주민에 대한 차별뿐 아니라 원주민과 백인 간의 구분 자체를 없애길 원했다. 생물학적 혼혈과 문화적 동질화 장치를 통해 다양한 배경을 가진 식민지 인구 간에 신체적 측면에서나 행동 측면에서나 어떤 구분도 불가능한 사회를 만들고자 한 것이다. 이를 위해 이민족/인종 간 결혼의 필요성을 강조했고, 거기서 태어난 혼혈 자녀들이야말로 새로운 질서의 식민 사회에서 관리가 되기에 백인보다 더 훌륭한 인재로 간주하도록 명했다(Almeida, 1997: 317; Garcia, 2007: 24-25, 재인용). 여기서 포르투갈어로의 언어 통일은 브라질 내 모든 이질적 요소 간의 차이를 없앨 중요 수단이었다.

이를 계기로 포르투갈 본국과 식민지 엘리트 간의 입장 차이는 극명해졌다. 개혁 후 브라질 식민 사회의 모습은 분명 전과는 확연히 달라졌지만, 지배층이 합의점을 찾지 못하는 동안 법과 현실의 괴리가 깊어졌다. 자연히 포르투갈 본국과 브라질 식민지의 구분이 생겨나기 시작했고, 본국에 대한 식민지의 반발과 저항 의식도 점점 커졌다. 19세기 식민 사회, 특히 원주민과 까보끌루의 저항 의식 태동에 작용한 배경은 크게 세 가지로 구분할 수 있다.

첫째, 원주민에 대한 대우와 원주민어/일반어 사용 금지에 대한 식민지 엘리트 계층과 원주민의 반발이었다. 그중 원주민어 사용 금지와 포르투갈어 사용 의무화는 복속 상태에 있던 원주민들에게 새로운 각성의 계기로 작용했다고 해석된다. 다른 조치들, 이를테면 학교, 규율 등의 개념, 기독교 교리 등은 이미 선교 부락을 통해 익숙해진 통제였다. 하지만 급격한 언어의 변화는 새로운 차원이었다. 이미 아마존에서의 생활 전반은 뚜삐어나 일반어라는 공통 언어를 통해 가능했기 때문이다. 그런 상황에서 자연스러운 언어 사용을 금지당하게 되자 언어가 자신들의 정체성 형성에 있어 중요한 요소라는 자각이 원주민들 사이에 태동한 것이다(Garcia, 2007: 37-38).

둘째, 당시 식민 사회에서 나타나기 시작한 또 다른 특징은 각 개인의 외적 형질에 따른 구분과 위계적 질서의 형성이다. 포르투갈은 해외 식민 사업을 확장하며 노예 노동력에 의존하게 됐고, 노예 수입이 제도화됨에 따라 이러한 위계적 질서는 점차 주로 흑인, 보다 소규모로는 인디오의 피부색과 연관된 것으로 굳어지기 시작했다. 이미 포르투갈 사회에 작용하던 혈통과 종교라는 기준과 함께 피부색이 사회적 신분 결정에 중요한 기준으로 자리 잡기 시작한 것이다(Garcia, 2007: 28-29). 뽕발은 이런 구분과 차별을 없애려고 했으나, 식민지 엘리트의 반발로 피부색에 따른 차별적 구조가 지속 또는 강화됐을 것이라 쉽게 예상할 수 있다. 여전히 식민지에서는 "순혈의 원칙"에 따라 각 개인이 속하는 사회적 범주가 결정됐고, 이는 본질상 배제의 원칙이었다. "불순한" 요소는 개종한 기독교인, 흑인, 인디오, 여러 종류의 혼혈인을 일컬었다. 이들의 공직 진출, 귀족 작위 수여, 사회적으로 주요한 활동 참여는 엄격하게 금지됐다(Fausto, 2006: 65).
따라서 1773년 법령은 다시 한번 공식적으로 구기독교인과 신기독교인
간의 구분을 없애고자 했지만, 이미 뿌리깊게 자리 잡은 편견 때문에 그러
한 구분은 더욱 굳어져 갔다.

셋째, 아마존 지역의 원주민 통제와 노동력 착취는 뽕발 정책 이후 오
히려 더 강화되고 구조화됐다. 일차적으로는 'Diretório' 자체가 세부 조
항들을 통해 원주민의 노동력을 제도화했고, 이는 체계화된 노동의 전통
이 없던 원주민에게 자율성의 박탈을 뜻했다. 일례로, 한 조항은 13세에서
60세 원주민의 노동과 십일조 헌납을 의무화했다. 이는 인종이나 피부색
에 따른 구분과 차별을 없애고 원주민에 대한 경멸적 용어를 금한다는 뽕
발의 정책을 잠시나마 인도적 차원으로 해석하려 했던 우리에게 개혁의
궁극적 목적을 상기시켜 준다.

## (2) 접촉의 언어 넹가뚜어

넹가뚜어를 멸절시키려는 포르투갈 왕실의 압력에도 불구하고 행정
중심지와 멀리 떨어진 곳에서는 여전히 일반어가 사용됐다. 따뿌이아와
까보끌루 사이에 넓게 뿌리내린 넹가뚜어는 아마존의 포르투갈화에 끈질
기게 저항했다(Freire & Borges, 2003: 9). 19세기 들어 브라질에는 식민 당
국을 향한 불만과 저항 의식이 확산되고 아마존 지역에서도 여러 반란이
발생했다. 특히 1822년 브라질 독립 후 동 뻬드루 2세를 대신해 이루어진
섭정 시대는 다양한 정치적 동요와 반란이 일던 시대였다.

아마존에서 그러한 저항 의식이 가장 압축적으로 표출된 사건은 까바

나젱이었다. 언어 통제와 뻬드루 1세의 퇴임이 불러온 정치적 혼란은 서열화된 사회에서 최하층민으로 이미 비참한 삶을 누리던 이들의 사회 질서에 대한 반감을 키웠다. '까바나젱'은 '움막, 오두막'을 뜻하는 '까바누(cabano)'에서 온 것으로, 혁명의 중심 세력이었던 원주민과 까보끌루가 강가에 흙으로 지은 움막에서 생활하던 데서 유래했다. 혁명을 이끈 또 다른 그룹은 당시 사회의 중간 계층이었다. 새로운 수도 남동부의 히우지자네이루 중심으로 정치 질서가 재편되며 그러웅빠라 지방을 중심으로 한 아마존은 더욱 고립됐고, 그런 상황에서 주된 정치 세력 두 갈래가 등장했다. 하나는 포르투갈과의 유대 관계를 고수하고자 했던 보수주의적 성향의 세력이었고, 또 하나는 이들보다 자유주의적 성향을 지닌 계층으로 그러웅빠라 지방의 자치권 향상을 주장했다. 원주민, 까보끌루와 함께 까바나젱을 이끈 것은 이들 중 후자였다(Mundo Educação).

여기서 주목하고 싶은 것은 지금 브라질에서 새로운 국면에 접어든 원주민 논의와 관련해 까바나젱이라는 사건이 원주민의 자기 인식, 즉 정체성 형성에 어떻게 영향을 끼쳤고, 거기서 넹가뚜어가 어떤 의미를 가졌는지이다. 원주민, 까보끌루, 흑인, 그리고 피부색과 상관없이 모든 가난하고 비참한 자들, 자유주의 정치 지도자 등 출신 배경은 다양했지만 까바누들 사이에는 사회적 약자, 비주류라는 강력한 공감대가 있었다. 넹가뚜어는 이 싸움에서 내부적으로는 강력한 구심력을 형성하는 언어이자 외부적으로는 지배 세력에 대한 저항의 언어였다. 여기서 저항의 의미는 이 언어가 지닌 접촉의 언어로서의 성질에 주목할 때 이해될 수 있다. 일반어는 일차적으로 뚜삐족과 따뿌이아, 원주민과 식민 통치지의 접촉을 통해 만들어진 동시에 그 접촉을 가능하게 만든 언어였다. 또 18세기부터는 당시 브라질에 유입된 아프리카 흑인들 및 모든 이질적 요소와의 접촉을 매개한 언어로서 이제 일반어는 이 모든 접촉으로 인해 발생한 혼종의 언어, 넹가뚜어로서 진정 새로운 정체성을 갖게 됐다.

5년 7개월 동안 지속된 까바나젱은 브라질 제국 정부의 승리로 끝이 났다. 투옥이나 죽음을 면한 까바누들은 아마존 깊숙이 숨거나 타지로 도주했지만, 까바나젱군 소탕으로 인해 그러웅빠라의 인구는 급감했다. 자연히 넹가뚜어 사용자 수도 급감했다. 까바누의 패배로 지역 인구와 언어는 물론 경제에도 큰 공백이 생겼고, 아마존 사회는 총체적으로 재편성된다. 브라질 다른 지역, 주로 북동부로부터 포르투갈어 사용 이주민이 유입됐고 때마침 시작된 고무 주기(1840-1912)와 맞물려 완전히 새로운 사람들이 그 공백을 채워 갔다(Borges, 1996: 52).

오랜 시간이 흐른 지금 우리는 얼마 전 북부 한 도시의 공식 언어가 된 넹가뚜어를 본다. 한편 '사건'으로서의 까바나젱은 일단 명백한 패배로 끝났다. 실패한 저항으로 기록된 이 사건으로부터 넹가뚜어 부활의 의미를 찾는 것이 가능할까? 다시 말해, 이 사건 자체가 브라질의 현재를 읽고 미래의 계획을 세우는 데 가지는 의미는 무엇인가. 모레이라 네뚜(Moreira Neto)는 따뿌이아와 까보끌루에 기반한 새로운 인종적·사회적 타입 형성의 시초를 까바나젱에서 찾는다. 다만 이 경험에 대해서는 마땅한 평가가 이루어질 수 없는데, 왜냐하면 이 경험이 분열되고 단절되고 파편화되었으며, 무엇보다 당시 브라질 정체성의 이상적 모델을 세운 것은 당사자가 아닌 식민 지배자들이었기 때문이다(Moreia Neto, 1988). 그런 한계에도 불구하고 부정할 수 없는 점은 까바나젱이 당시 원주민 자신의 관점을 간접적으로나마 볼 수 있는 사건이라는 것이다. 원주민이 자신이 놓인 억압이라는 상황, 억압하는 타자와 억압당하는 자신을 인식하게 됐음을 확인할 수 있는 사건이 까바나젱인 것이다. 마그다 리시(Magda Ricci)에게 이 사건은 혁명이다. 그리고 실패한 혁명이 아니다. 까바나젱은 사실상 비인간의 영역에 있던 브라질 구성원들의 시민성과 정체성을 위한 투쟁의 동력이었다. 리시에 따르면 "많은 까바누가 그들이 공정하고 경건하다고 여기는 것을 읽고 해석함으로써 자신의 길을 걸을 수 있다고 믿었다"(Ricci, 2007: 27). 세계를 읽고 해석하는 것은 피억압자가 억압의 상황을 깨기 위해 필요한 진정한 '문해' 능력이다(Freire, 2015). 그렇게 볼 때 까바나젱은 까바누들이 넹가뚜어를 매개로 세계를 읽고, 왜곡된 세계를 변화시킬 주체의 지위를 주장하게 되는 계기였다고 볼 수 있다. 즉, 까바나젱을 브라질성 구축 과정에 원주민적 요소가 비로소 비중 있는 반문화적 요소로서 자리 잡고 주류 문화와 소통하게 된 사건으로 해석할 수 있다. 사그라드는 넹가뚜어와 어차피 소멸할 원주민성의 예정된 운명을 확인한 상징적 사건이 아닌, 신세계화된 브라질 땅에서 새롭게 형성돼야 할 원주민 정체성의 방향을 암시하는 사건으로 말이다. 그렇게 함으로써 우리는 현재 브라질 사회에서 재조명되고 있는 원주민 언어들의 지위와 원주민의 시민성에 대한 논의를 이해함에 있어 까바나젱을 중요한 맥락으로 상정할 수 있을 것이다.

## 4 21세기 넹가뚜어의 부활?

그렇게 19세기부터 쇠퇴의 길을 걸은 넹가뚜어는 현재의 언어로 살아

남았다. 2002년 네그루 강 유역 아마조나스 주 서웅가브리에우다까쇼에이라 시에서 포르투갈어와 함께 시의 공식 언어가 된 것이다. 현재의 지위는 차치하고, 어떻게 살아남을 수 있었을까? 까바나젱이라는 투쟁을 겪은 이 언어는 이후 본래 중심지에서 서쪽으로 멀리 떨어진 네그루 강 상류에서 명맥을 이어갔다. 넹가뚜어가 이곳에 본격적으로 유입된 것은 뽕발 통치기인 것으로 추정된다. 당시 네그루 강 상류에도 포르투갈의 지배 강화 정책이 미치면서 요새가 세워지고 가르멜교단이 들어와 활동을 시작했다. 배를 타고 들어온 브라질 사람들과 지역 원주민들과의 교역도 이뤄졌는데, 브라질 상인들이 쓰던 말이 넹가뚜어였다. 포르투갈은 19세기 후반 이 지역 원주민들을 노동력으로 쓰기 위해 네그루 강의 중·하류로 이동시켰고, 이들은 주로 뚜까누어, 아라와끄어, 동쪽 마꾸어를 쓰던 부족들이 살던 영토 출신이었다(Cabalzar e Ricardo, 2006: 86; Cruz, 2011: 14, 재인용). 그렇게 네그루 강 중·하류에서도 넹가뚜어가 소통어로 쓰이기 시작했고, 나중에 강 상류로 돌아갈 수 있었던 원주민들은 제2언어로 넹가뚜어를 배웠다. 이곳의 다른 부족들, 까보끌루들도 넹가뚜어를 쓰게 되면서, 넹가뚜어가 성인들에게는 제2언어로, 그 자녀들에게는 모국어로 전해지게 되며 부활하게 된 것이다(Cruz, 2011: 14).

현재 넹가뚜어는 네그루 강 유역 전반에 걸쳐 바레, 바니와, 와렝께나 부족을 중심으로 사용되고 있고, 작은 규모나마 바이슈 아마조나스 지역에도 사용자가 있다. 넹가뚜어 사용자가 가장 많은 곳은 서웅가브리에우다까쇼에이라 시로, 총인구 47,031명 중 약 90%가 원주민이며, 이들은 포르투갈어 외에도 여러 부족어를 구사하는 23개 부족으로 이루어져 있다(IBGE, 2021). 브라질에서 가장 원주민적 색채를 가진 이 도시가 원주민어를 시 공식 언어로 포함한 것은 여러모로 상징적이다. 현재 브라질 헌법은 브라질의 유일한 공식어가 포르투갈어임을 명시하고 있고 원주민어의 사용은 장려하지 않는다. 이곳의 원주민 지도자, 정책 입안자들에게 시의 언어 현실과 동떨어진 국가의 언어 정책은 오랜 고민거리였고, 오랜 노력 끝에 시는 2002년 법률 제145조를 통해 원주민어의 공식화라는 목표를 달성했다. 이 법은 시의원 까미꾸 바니와와 원주민 연대, FOIRN, 언어정책연구개발연구소의 공동 노력의 산물이다(G1, 2006).

원주민어 사용을 활성화하고 브라질 사회에 그런 노력이 왜 중요한지를 알리려는 학계의 노력도 꾸준하다. 1998년 상파울루대학교의 에두아르두 나바후 교수는 상파울루를 중심으로 한 브라질 중등 교육 과정에서 뚜삐어와 넹가뚜어 교육을 장려하기 위해 'Tupi Aqui(뚜삐 여기)'라는 단체를 조직했다. 나바후 교수는 1935년 개설된 상파울루대학교 고대 뚜삐어/일반어(넹가뚜어) 학과에 적을 두고 관련 연구에 매진해 왔다. 2020년부터는 아마존 지역 원주민 지식인들의 주도로 넹가뚜어학회 창설을 준비하고 있다. 학회의 주요 목표는 단일화된 넹가뚜어 사전 출판과 정기 업데이트, 넹가뚜어 관련 문헌과 기타 자료들을 총망라하는 디지털 도서관 구축, 넹가뚜어 교육 및 보급을 위한 교재 생산이다(Pereira, 2021).

최근 코로나19로 활동이 주춤했지만, 2002년 넹가뚜어 공식화 후 법과 현실의 괴리가 좁혀지지 않던 중 오히려 팬데믹 상황은 넹가뚜어 교육과 보급 활성화를 위해 기술을 적극적으로 사용하게 하는 계기가 됐다. 2020년 시작된 모토로라 프로젝트가 그중 하나다. 이 프로젝트로 넹가뚜어와 제어족에 속하는 까잉강어가 모토로라 휴대폰 서비스 언이로 신택됐다. 약 1년 반 동안 깡삐나스대학교의 윌마르 당젤리스가 이끄는 교수진과 원주민 공동체 대표들이 프로젝트에 참여해 일군 결실이다. 모토로라는 앞으로 프로젝트 범위를 넓혀 안드로이드폰에서 더 많은 원주민 언어로 서비스를 제공할 예정이다(G1, 2021). 아직 시작 단계지만 이런 시의적절한 노력을 통해 오랜 투쟁을 거쳐 공식어의 자리를 얻은 원주민어들이 브라질의 물리적·디지털 공간에서 일상어로 정착되는 것을 기대해봄직하다.

원주민어의 지위를 공식화하려는 움직임은 그 후 전국으로 확대되고 있다. 2010년에는 마뚜그로수두술 주의 따꾸루 시가 과라니어를, 2012년에는 또깡칭 주의 또깡치니아 시가 셰렝치어를 시 공식어로 인정했다. 호라이마 주의 봉핑 시는 2014년 마꾸시어와 와삐샤나어 공용화 법안을 통과시켰고, 히우지자네이루 주의 마리까 시가 3개 원주민어를 공식화했다. 2019년 12월 브라질 하원 인권 및 소수 위원회는 다고베르뚜 노게이라 하원의원이 발의한 원주민어 공식화 법안(3074/19)을 승인했다. 법안이 최종 통과되면 브라질 전국의 원주민 공동체가 있는 자치시들은 해당 원주민어를 공식 언어로 인정하게 된다(Agência da Câmara dos Deputados, 2019). 또니 메데이루스 의원이 발의한 법률 제5796호는 2022년 1월 12일 아마조나스 주 주지사의 승인을 거쳐 아마조나스 주 관보에 공지됐다(Diário Oficial da União, AM 2022). 2019년 국회의 입법청원 게시판에는 "뚜삐-과라니어의 공식어 인정"이란 제목으로 국민 청원이 등록되기도 했다. 이 청원은 정식 답변을 위해 2019년 3월 6일까지 필요한 2만 명의 동의에 훨씬 못 미치는 단 40명의 참여로 일단락됐다(Senado Federal, 2019). 많은 진전에도 불구하고 아직 갈 길이 멀다는 사실을 상기시켜 주는 대목이다.

원주민 고등교육 참여를 위한 노력도 간과할 수 없다. 2021년에는 산따까따리나 연방대학교 대학위원회가 대학원 과정 입학 시험에서 원주민어를 타 외국어와 동등한 자격 사항 중 하나로 인정했다(FUNAI, 2021). 원주민의 고등교육 참여 확대는 원주민이 헤게모니 지식 생산에 참여할 수 있게 하는 필수 여건이다. 아울러 여러 지역에서 원주민어를 공용화하는 것은 아직 미숙한 포르투갈어 구사 능력과 뿌리 깊은 사회적 편견 때문에 온전한 시민의 상태에 있지 못한 브라질 원주민이 시민으로서 사회에 참여할 수 있게 하기 위한 기반이다.

## 5 브라질 원주민 논의 확산, 어떻게 해석할 것인가

변화는 분명 일어나고 있다. 문제는 이 국면을 장기적 시선에서 어떻게 해석할 것인가, 원주민 자신은 물론 이 문제를 공론화하는 데 일조하는 브라질의 사회적 분위기를 어떻게 바라볼 것인가 하는 것이다. 현재의 흐름을 봤을 때 원주민어 공식화 확대를 비롯한 원주민 논의의 확산은 크게 두 가지로 해석할 수 있다. 첫째, 현실에 입각한 탈식민적 브라질 정체성 모색이라는 철학적이자 실존적 과제를 풀어 가는 과정으로 읽을 수 있다. 최근까지도 브라질 정체성 구축에 작동한 원칙은 유럽 모델의 긍정과 원주민성의 부정이었다. 20세기의 브라질은 원주민 지우기에 성공적인 것처럼 보였다. 브라질의 정체성에서 원주민적 요소가 지닌 중요성을 강조해 온 다르시 히베이루조차 원주민의 멸종을 심각하게 우려했다(Ribeiro, 2013). 그러나 지금 원주민 문제는 그 어느 때보다 현재적인 것으로 가시화되고 있다.

그렇다면 브라질의 탈식민적 정체성 모색에 있어 원주민이 왜 중요한가. 엔리께 두셀은 한국에서 있었던 석학 인터뷰에서 '포스트모던 (postmodern)'을 대체하는 용어로 '트랜스모던(transmodern)'을 제안한 이유에 대해, 주변부가 아닌 유럽과 미국에서 생산된 포스트모더니티, 즉 근대성 비판은 제국주의와 자본주의를 비판할 능력이 없을 뿐 아니라 큰 영향을 주지 못한 채 사그라졌다고 비판한다. 그러면서 트랜스모더니티를 "고유한 것을 찾아내고, 그것의 역사를 만들고, 그 역사로부터 근대성을 비판하며 근대성과 대화할 수 있는 보편 이성"으로 설명한다(우석균, 2021: 119). 이는 빠울루 프레이리의 억압 이론이 말하는, 진정한 해방은 억압자에게서 나올 수 없다는 이치와 통한다(Freire, 2015). 피억압자 원주민을 제외한 그 어떤 탈식민 노력과 새로운 정체성도 결코 진짜일 수 없다. 그들이 주체가 돼 이 프로젝트에 온전히 참여할 때에만 왜곡되고 포장되고 모순적인 정체성이 아닌, 현실과 일치하는 자아 인식을 토대로 지속 가능하고 공존 가능한 브라질의 미래를 기획할 수 있는 정체성 건설이 가능하다.

둘째, 현 국면은 생태시민성 개념을 통한 소외와 불평등 문제 제고를 위한 기반이 될 수 있다. 라틴아메리카에서 신자유주의의 폐해를 거부하는 대안 사회 운동은 원주민을 포함한 소외 계층이 주도해 왔다. 그러다 20세기 말부터 라틴아메리카 지식인들은 가속화되는 신자유주의의 위기와 전 지구적 환경 문제 앞에 원주민, 아마존, 생태를 연결시키며 관련 논의를 민족지적이나 경제적 또는 단순히 환경적 차원을 벗어나 현 패러다임을 대체할 대안으로서 생태문명으로의 패러다임 전환 모색이라는 맥락으로 가져오기 시작했다. 이와 함께 시민성 논의의 흐름도 바뀌고 있다. 20세기부터 등장한 생태시민성 개념을 중심으로 현재의 위기 앞에 구축

돼야 할 새로운 패러다임에 걸맞은 시민성의 개념과 역할 정립을 위한 지적 노력들이 이어지고 있다. 모아시르 가도치(Moacir Gadotti)는 '땅의 교육학(pedagogia da terra)'이라는 개념을 중심으로 교육과 일상을 비롯한 삶의 다양한 분야의 '생태화(ecologizar)'와 생태적 시민 의식 형성의 필요성을 주장한다(Gadotti, 2001). '생태화'한다는 것은 무엇인가. 이는 자연과 생태를 존중한다는 협의와 함께, 세계를 고립된 대상들의 집합이 아닌 근본적으로 상호 연결되고 상호 의존적인 현상들로 이루어진 하나의 유기체로 봐야 한다는 포괄적 의미로 이해해야 한다(Gutiérrez & Prado, 2013: 13). 가도치는 이를 바탕으로 "일상생활로부터 사물들의 의미를 배우는 것을 촉진하기 위한 교육학"으로 생태교육학을 정의한다(Gadotti, 2001). 여기서 생태교육학의 핵심 개념인 '일상성(cotidianidade)'에 대한 그 같은 고민은 빠울루 프레이리의 '유기성(organicidade)' 개념과도 상통한다. 자신이 속한 삶의 반경에 존재하는 요소들과의 비판적인 유기적 관계, 즉 상호작용의 필요성을 말하는 유기성을 핵심으로 하는 일상성 개념은 지금 가져야 할 사고의 전환에 필요한 발상이 아닐까?

일상성 개념은 그동안 국가에 의해 비시민으로 분류됐던 주변부 구성원의 소외, 불평등 문제에 대한 덜 소모적인 접근 방법이 될 수 있다. 소외가 일상을 그 풍요로움에서부터 떼어 냄을 지적한 앙리 르페브르의 사유가 필요한 지점이다. 그에 따르면 소외는 아래와 같은 의미를 갖는다.

소외는 일상을 경멸함으로써, 그리고 이데올로기의 헛된 광채 밑에 일상을 가림으로써 이 생산과 창조의 장을 감춘다. 특별한 소외는 자연과 물질과 직접 맞붙어 있는 노동의 구성적 관계들로부터 풍요로움을 도출해 내는 것을 금하면서 물질적 빈곤을 정신적 빈곤으로 바꾼다. 사회적 소외는 창조적 의식을 수동적인 불행한 의식으로 바꿔 준다(르페브르, 1994).

라틴아메리카의 여러 차원의 단절 문제는 관계의 망을 채우고 있지만 동등하지 못한 지위를 누리고 있거나, 아예 거기서 제도적으로 누락된 다양한 주체를 그 자리에 복원시키고 인간의 지위를 회복시킴으로써 해결할 수 있을 것이다. 그간 라틴아메리카에서 '덜' 인간적인 구성원, 비시민으로 간주된 구성원들의 일상성 회복은 생태적 세계시민의 필수조건이다.

원주민과 아마존을 둘러싼 논의가 그런 맥락에 자리 잡게 된 것은 우선 협의로서의 생태의 의미를 볼 때 매우 자연스럽다. 실제로 이제 아마존 문제는 더는 브라질만의, 라틴아메리카만의 문제가 아니게 됐으며, 그런 위기 의식이 라틴아메리카의 원주민 논의를 새로운 국면으로 옮기는 데 일조했음은 사실이다. 중요한 것은 변화한 상황에 힘입어 협의의 생태, 즉 자연환경 존중과 보호를 기본으로 하는 생태시민성과 함께, 원주민을 비롯한 브라질의 모든 소외된 구성원을 온전한 시민으로 포용하는 포괄적 생태시민성 개념을 발전시킬 수 있는가 하는 것이다. 왜냐하면 이들의 전통, 문화, 언어는 브라질 사회의 지극히 '일상적인' 요소이고, 그것을 인정할 때에만 이들의 시민성 회복과 탈식민적 브라질 정체성 건설이 가능하기 때문이다. 그런 의미에서 원주민 문제는 현재의 문제이며, 이를 역사적으로 되짚어 보는 것은 브라질과 라틴아메리카 미래의 기획과 직결된 문제이다.

# 제 7 장

# 브라질 인프라 개발과 국토 통합의 함의: 지속가능한 발전을 위한 범위

이미정

# 1 개발과 보전의 함의

브라질은 남아메리카 대륙의 절반을 차지하는 방대한 영토와 생태 자원을 보유한 나라다. 스페인어권 국가들이 위치한 라틴아메리카 내 유일한 포르투갈어권 국가로 다른 국가들과 구별되지만, 문화적이나 사회 인식 측면에서 공통점도 다수 존재한다. 1960년대 신흥공업국[1]으로 부상한 이래 2000년대 초반에 브릭스 국가[2]로 성장을 거듭하던 브라질이 팬데믹

---

1) 신흥공업국(Newly Industrialized Countries, NICs)은 1970~1980년대 개발도상국들 중 산업화를 통해 경제 개발 수준이 고도로 발전한 국가들을 말하며, 이들은 농업 기반 경제에서 산업화된 도시 경제로 이동하면서 선진국 다음의 경제 강국으로 부상했다. 당시 주요 신흥공업국은 한국, 대만, 싱가포르, 홍콩의 아시아권 국가와 브라질, 멕시코, 아르헨티나의 라틴아메리카권이 있다.

2) 브릭스(BRICs)는 브라질, 러시아, 인도, 중국의 4대 신흥경제국의 약자로서 2001년 골드만삭스 투자은행이 2050년까지 세계 경제를 지배할 급성장 국가 그룹을 선정하면서 만들어진 용어이다. 2010년 남아프리카공화국이 신회원국으로 가입하면서 현재의 브릭스

이후 주춤한 상태에 있지만 확고부동한 지역 내 경제 강국은 물론 지정학적 중요도 역시 매우 높다.

선진국에 국한되던 산업화가 개발도상국에까지 확산되면서 브라질을 포함한 신흥공업국들은 성장을 위한 물리적 틀을 갖추는 데 국가적 사활을 걸기 시작했고, 이러한 이유로 도시화와 인프라 구축은 개발의 틀로 자리잡았다. 국토 개발은 성장을 유인하는 구체적 행위이며 인프라는 이를 뒷받침하는 물리적 체계이다. 그러나 거의 모든 국가가 성장을 위해 지구 곳곳에서 개발을 진행하면서 온전한 자연은 사라져 가고 그대로 보전된 자연보다 개발로 변해 가는 자연이 더 많아지고 있다. 산업을 위해 자연을 이용하면 할수록 훼손이 늘어나고 회복할 수 없는 상태로 변해 가면서 기후 재앙과 생태계 변이로까지 이어지고 있다. 비록 지역마다 처한 현실이 다르고 자연 보전을 대하는 태도와 방식도 각기 다르지만, 성장 위주의 정책 실현이 도를 넘을 때 지구는 자연 본연의 자연성을 잃어버릴 것이다.

브라질의 경우 지금까지 구축된 인프라 구조를 살펴보면 식민 시대부터 시작된 개발로 인해 내재적 특성이 줄어들고 순환계가 무너진 곳들이 산재해 있다. 국토 개발 역시 개발 지역과 비개발 지역으로 나누어 편중된 인프라 구조와 함께 산업화를 통해 발생하는 본연의 생태계가 변해 가고 있다. 개발의 필요성에 따라 인프라 분포를 갖춰진 지역과 그렇지 못한 지역 간의 불균등한 구조로 정립되고 있으며 이러한 양상은 국토 이용의 편중 구조로 체질화되어 가고 있다.

이러한 맥락에서 이 글은 한 국가의 균형적 발전을 유도할 수 있는 국

---

(BRICS)가 되었다.

토 개발이 지속가능한 발전으로 이어질 수 있는 범위와 방안을 찾아보려고 한다. 이를 위해 일단 개발의 척도라고 할 수 있는 인프라 구조를 통해 경제 성장의 방향성을 알아보고 지역별 경제·사회 발전의 현실을 파악하려고 한다. 규모의 경제를 실현하는 원자재(commodity) 산업이 브라질 무역의 성장을 이끄는 대표적인 산업이지만 이와 관계된 인프라 개발 사업은 대부분 수출을 위한 외부 체계에 편입된 구조를 가지고 있다. 무엇보다도 이러한 편중된 인프라 구조는 미래 세대가 이용할 수 있는 온전한 환경을 훼손하는 추세다. 수출을 위한 원자재 산업 위주의 인프라 개발은 경제 성장을 유도하는 긍정적 측면이 있지만 외부 경제 시스템이 국내 생산 환경을 시스템적으로 조절하는 체계를 가지고 있다.

일부 수익성 높은 상품을 대규모로 생산하기 위해 무분별한 농지와 광산 개발을 통해 토지의 전용이 자행되고 이를 뒷받침하는 대규모 인프라 개발로 인해 브라질 내 산림과 토양은 황폐화되고 있으며 생물의 다양성 감소와 기후변화까지 일으키고 있다. 이렇게 자연환경의 복잡한 시스템적 위기를 수습해야 하는 위급한 상황에서 브라질 정부의 정책 방향은 정권 교체 때마다 일관성 없는 정책 방향에서 벗어나지 못하고 있다. 이러한 맥락에서 이 글은 브라질에서 진행된 다양한 인프라 사업을 살펴보고 '성장과 보전'이라는 두 가지 역설적 현실을 극복할 수 있는 브라질 특유의 지속가능한 발전의 범위를 찾으려고 한다.

## 2 지역 구분과 지역화

1970년 이래 브라질 지리통계청(IBGE)에 의해 만들어진 지역 구분은 국토 개발 정책 수립의 기준을 제공하고 있다. 브라질 국토는 크게 북부, 북동부, 남동부, 중서부 그리고 남부의 5개 지역으로 나뉘며 이는 자연 조건과 사회·경제적으로 유사성을 가진 지역들을 그룹화하여 만든 기준이다. 무엇보다도 지역 구분의 목적은 균형적인 국토 발전과 지역 간의 격차를 해소하기 위한 것이며 연방정부의 정책 수립과 실행을 위한 큰 범위의 척도로 사용되기도 한다.

북부 지역은 브라질 전체 국토 면적의 45%를 차지하고 토착 원주민 인구가 가장 많으며 인구 통계학적으로 높은 성장을 보이는 반면, 남동부는 전 국토의 11%만 차지하지만 인구는 42%로 가장 많고 다양한 산업 활동이 이루어지고 있다. 또한 브라질 총생산(GDP)의 50% 이상을 차지하여 경제·정치적으로 가장 중요한 지역으로 꼽히며 현대화된 인프라 체계를 갖추고 있다.

북동부 지역은 총인구의 19%를 차지하여 시장적 중요도는 높으나 경제사회 수준을 나타내는 인간개발지수(HDI)가 가장 낮고 생산 활동을 하기에 열악한 환경을 가지고 있다. 무엇보다도 북동부 내륙은 반건조 기후대가 넓게 자리 잡고 있어 1년에 비가 거의 내리지 않고 생존을 위한 지역 경제 활성화도 어려운 처지여서 인프라 시설 또한 제대로 갖추고 있지 못하다. 무엇보다도 북동부 지역은 다른 지역에 비해 강수량이 월등히 적은 관계로 대규모의 농업 활동에 적합하지 않고 가족농과 같은 소규모의 식량 생산에 의존하거나 이러한 생산도 제한된 취약한 환경을 가진 곳이 산

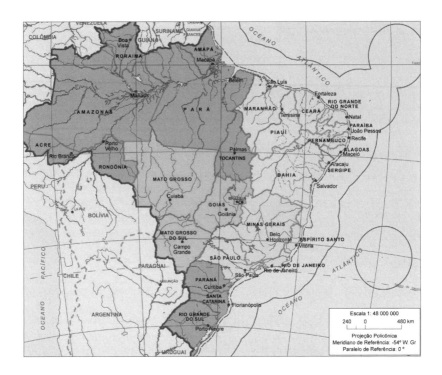

〈그림 1〉 • 브라질의 지역 구분.
출처: IBGE(2022), Diretoria de Geociências.

재해 있다. 즉 환경적으로 다른 지역에 비해 훨씬 낙후된 지역으로 생산
능력이 제한되어 있다. 또한 열악한 경제 환경으로 인해 낮은 소득 수준을
비롯해 교육 수준까지 떨어지는 경향이 있고, 이러한 어려운 환경에 대해
연방정부의 정책과 지원이 필요한 지역이다.

중서부 지역은 인구가 가장 적지만 북부 지역에 이어 두 번째로 면적
이 넓으며, 드넓은 평지와 습한 기후 덕분에 대규모의 농축산물 재배가 가
능한 원자재 산업의 중심지이다. 남부의 경우 면적은 가장 작고 인구 역시
그리 많지 않지만 문맹률이 가장 낮고 인간개발지수가 가장 높은 편이며

일찍이 산업혁명을 경험한 유럽 이주민들이 정착하면서 후손들 역시 대를 이어 높은 경제와 사회, 문화 수준을 이어 오는 지역이다.

　이와 같이 브라질 국토는 환경적으로나 역사적으로 지역 간 특성이 뚜렷이 구별되는 가운데 지역화(regionalização)의 관점으로 해석할 수 있다. 이는 일정한 공간이나 영토가 시간을 통해 고착된 몇 가지 특징으로 구분된다는 의미이다. 다시 말해서 주와 같은 행정적 구분과 달리 자연, 사회-경제적(socioeconômico) 요인들이 지역 간 격차를 나타내는 기준으로 작용하여 일정한 구분 체계를 통하여 측정이 가능한 형태로 만든 것이다.

## 3 세계화와 지역 통합화

　지역 간 특성과 차이를 전 국토 측면에서 바라볼 때 전통적으로 브라질 국토는 '경제적 군도(arquipélago econômico)'로 설명한다. '경제적 군도'는 20세기 초까지 브라질 성장 산업을 통한 국토 이용의 형태를 표현한 용어로서 국토의 이용이 지역 간 연결성보다 국내와 국외의 연결성이 오히려 더 강하게 나타나고 내재적 국토 통합이 제대로 이루어지지 못하여 미약한 인프라 구조를 가지는 특징을 보여 준다(그림 2 참조).

　실제로 인프라 계획을 국가적인 규모로 구축하기 시작한 1930년대부터 브라질은 경제에 대한 외부 영향력을 줄이는 데 초점을 맞추었다. 그러나 이러한 시도는 1950년대 후반 대대적인 시장 개방으로 인해 오히려 외부의 영향력을 최대한 활용하는 방향으로 나아갔다. 딩시 주셀리노 쿠비체크(Juscelino Kubitschek, JK) 정부는 '목표계획(Plano de Metas)'을 추진

<그림 2> • 수송 통로로 본 브라질의 국토 통합 형태.
출처: Vencovsky, 2006: 126.(재인용: Couto e Silva, 2003).

하며 국토의 균형적 발전과 더불어 다양한 산업 부문을 국내에 정착시키는 계기를 마련했다. 수도 브라질리아(Brasília) 건설을 비롯한 국토 내 인프라 체계 확립을 위해 수많은 건설 사업을 추진했고, 외자 도입은 물론 다국적 기업 진출과 생산의 현지화를 실천했다. 그러나 이러한 정책 실행이 제대로 된 규제 장치 없이 외부 시스템 편입을 용이하게 하면서 편중된 인프라 구조를 심화하는 결과를 초래하기도 했다.

비록 1970-1980년대 군부의 적극적 산업화 정책과 시장 보호를 통해 어느 정도 국가의 내재성을 공고히 하는 역할을 했지만 1990년대부터 시작된 세계화(globalização) 편입 정책으로 외부의 영향력은 다시 강화되었고, 지금까지 유지되고 있는 상태다. 1980년대 선진국을 중심으로 확산되기 시작한 신자유주의(neoliberalismo)[3] 물결이 1990년대 신흥국으로 변화의 중심이 옮겨 가면서 세계적 차원의 경제 통합이 추진되었다. 당시 브라질 정부는 국가가 담당하던 주요 산업 부문의 민영화를 대대적으로 단행하면서 보다 강도 높은 시장 메커니즘에 돌입하기 시작했고, 이러한 행보는 정부 주도의 신자유주의 편입이라고 할 수 있다.

반면 이러한 지구적 차원의 통합화 추세에 반하여 대륙적 차원에서 지역 통합화를 추구하는 지역 블록화 현상도 일어나기 시작했다. 브라질이 회원국으로 있는 남미공시장(Mercado Comum do Sul, Mercosul)을 비롯하여 남미국가연합(União de Nações Sul-Americanas, Unasul), 남미인프라통합구상(Iniciativa para a Integração da Infraestructura Regional Sul-americana, IIRSA)의 형성이 바로 그것이다. 이러한 지역 통합화는 남미 국가들을 경제적으로 통합하는 지역 블록을 형성하여 선진국 그룹에 대응하는 '남남협력'의 일환으로 시작했다. 특히 보편적인 시장 체제와 달리 역내 비슷한 처지의 개도국들 간의 차별 없는 동반 성장을 목표로 하고, 인프라 개발을 매개로 국경을 초월한 지역 통합을 통해 새로운 차원의 내재적 발전을 달성하자는 취지가 담겨져 있다.

여기서 인프라 개발이 국토 전체를 포괄하는 경제성을 보이는지의 여부와 개발 방향이 발전의 선순환을 유도하여 지속성을 유지할 수 있을지의 여부를 파악하는 것은 매우 중요한 과제다. 브라질에서 정부 주도의 산업화가 시작된 이래 인프라 개발 사업은 국가적 경제 발전을 추구하는 기반임에도 불구하고 편중 구조는 개선하지 못하고 선순환의 요건도 갖추

---

3) 1980년대부터 부각하기 시작한 세계화 흐름에 기반한 경제적 자유주의 중 하나로 사회주의에 대항하며 부상한 자유시장과 규제 완화를 추구하는 사상이다.

지 못했다. 인프라 통합화 과정에서 내재성을 완성하는 것은 불균형과 비대칭 구조를 개선하고 국토 개발의 효율성을 제고, 경제 성장으로 이어지는 지름길임을 간과해서는 안 된다.

## 4 브라질 철도 인프라

산업화가 시작된 이래 브라질은 지금까지 미래 성장국이라는 호칭을 받아 왔지만 아직도 선진국 대열에 진입하지 못하고 성장국에 머물러 있다. 경제 성장을 유도할 수 있는 인프라의 결핍이 지속가능한 발전의 발목을 잡아 왔고 대대적인 인프라 개혁에도 목표 달성을 하지 못하고 정부마다 도중 하차가 반복되어 왔다. 1960년대 쿠비체크 정부의 브라질리아 건설과 함께 내세웠던 국토의 균형적 발전 계획을 비롯하여 룰라 정부의 2000년대 성장 촉진 프로그램(Programa de Aceleração de Crescimento, PAC)[4]에 이르기까지 인프라 개발을 위한 행보는 계속해서 이어져 왔다.

철도 인프라의 경우 건설 초기부터 국토 통합을 전제로 한 150년 이상의 건설 역사를 가지고 있음에도 불구하고 아직도 해결되지 못한 결핍된 구조를 가지고 있다. 영국의 1차 산업혁명을 통해 확산된 철도와 증기기관은 19세기 브라질에 도입되었고, 수송 인프라 체계를 바꿔 놓기 시작했다. 당시 새로운 교통수단으로 등장한 철도는 농산물 원자재를 대표하던 커피 수송에 대혁신을 일으켰으며 커피 생산이 확장되던 히우지자네이루

---

4) 성장 촉진 프로그램은 소득 창출과 다양한 인프라 건설을 통해 국토 통합을 달성하고 브라질 사회 전체의 경제 발전을 위해 룰라 정부가 시작한 계획이다.

〈그림 3〉• 브라질의 철도 인프라.

출처: DNIT, 2019.

(Rio de Janeiro)와 상파울루(São Paulo)를 중심으로 남동부 수송 인프라체계의 주역이 되었다. 그러나 이러한 확장세는 1930년대 이후 산업화의 시작과 함께 밀려들어 온 자동차 생산 열풍에 밀려 내륙 쪽으로 확장되지 못하고 자동차 인프라 건설에 자리를 내주기 시작하며 철도 건설은 지연되거나 중단되어 결국 국토 전체를 아우르는 수송망 체계로 발전하지 못했다.

수송 인프라는 국토 내 각 지역의 연결성을 높이고, 경제적으로는 생산, 유통과 관계하여 한 나라의 산업 발전에 크게 영향을 준다. 브라질의 지역 발달 수준을 보면, 산업 수준이 높은 남동부와 남부에 수송 기반이 집중되어 있어 국토 전체를 연결하는 수송 인프라 결핍으로 '브라질 비용'[5]을 내고 있다. 특히 브라질의 물류는 대규모의 토지를 이용하여 대량 생산을 통해 규모의 경제로 수익을 내는 원자재 산업이 무역 흑자를 내는 구조로 되어 있어 수송 인프라는 고립된 지역들의 성장을 유도할 수 있는 중요한 기반이다. 철도 인프라는 특히 다른 수송 인프라에 비해 원자재 수송에 가장 적합하다. 통합이 이루어질 경우 시간과 비용 절약은 물론 국토의 효율성을 높일 수 있다. 비록 철도 건설이 환경 파괴를 완전히 피할 수는 없지만 건설 방법에 따라 자연 훼손을 줄일 수 있는 방안들이 나오고 있다. 무엇보다도 인프라 기반 확충에는 개별적인 산업 역량과 자본뿐만 아니라 국가 주도의 지속적인 정책 실행이 가능한 제도적 장치와 환경이 필요하다. 브라질의 인프라 개발 정책은 정부가 바뀔 때마다 일관성 없는 개발 전략을 내세우는 관계로 연속성 결여가 가장 큰 문제이며 이러한 실천 능력 부족이 지속가능한 개발에 큰 단점으로 작용한다.

## 5 브라질의 항만 인프라

항만 인프라는 상품의 수송 측면에서 경제와 맥락을 같이 한다. 항구의 주된 역할은 상품의 출구 기능 외에 물류 시스템 범위에서 사업 관리, 운송 및 포장, 창고 및 재고 관리의 구체적인 과학을 기반으로 하고 각종 시설과 설비 및 서비스 부문과 같은 산업 간 영역을 포함한다. 즉 국제 물류

---

5) '브라질 비용'은 브라질 내 비즈니스 환경에서 다른 국가에 비해 추가로 발생하는 비용을 말하며 관료주의, 부패, 세 부담과 금리 및 노동 및 연금 비용, 인프라 결핍 등이 이 범주에 포함된다.

맥락에서 '인프라'는 사회 기능을 위한 시설, 서비스 및 기본 자원이다. 인프라는 은행 서비스 및 유통 채널과 같이 운송, 통신, 상업과 무역 활동을 용이하게 하는 데 사용할 수 있는 모든 공공 또는 개인 소유 요소를 의미한다.

인프라 범주에는 또한 사법 제도, 지적 재산권 보호 제도 및 표준의 존재를 추가할 수 있고, 인프라 개념의 차원도 물류의 현대적 차원으로 변경되었다. 새로운 형태의 항만 제도 도입과 그에 따른 신기술의 적응은 산업 기지가 국토 내에 위치하는 전통적인 생산 체제를 대체하는 데 일조했고, 물류 시스템의 새로운 영역을 통해 고도의 전문화, 항만 투자, 전문 인력 활용 등 항만 인프라에 필요한 새로운 조건을 요구하기 시작했다.

현대 물류는 효율적인 운송 시스템 외에 적절한 장비, 숙련된 인력 사용을 통해 작업 시간을 단축하고 효율성을 높이는 기능을 하고 있으며, 항만 인프라 체계는 세계적 생산체인 통합과 물류 네트워크 체계하에서 더욱더 전문화된 기능을 수행하고 있다. 또한 현대적 물류 체계는 원자재의 원산지에서 소비 지점까지의 자재의 흐름, 공정, 보관, 완제품, 유통 및 정보의 흐름을 관리하고 소비 지점까지 효율적인 관리와 제어를 필요로 한다.

새로운 형태의 글로벌 항만 인프라 건설과 운영을 결정하는 주요 요소에는 수심, 교량 통과, 크레인, 창고, 육상 운송 연결 등과 같은 새로운 형태의 항만 인프라의 물리적 구조 기준에 충족되어야 한다. 포스트파나맥스(Post-Panamax)와 같은 초대형 컨테이너선의 출입을 위한 항만 시설을 갖추기 위해서는 선박의 흘수를 비롯하여 새로운 항만 인프라 표준을 구성하는 기본적 요구 사항을 준수해야 하며 이러한 필요조건에 브라질처럼 내부 현실이 부합되지 않을 경우 세계적 기준 적응에 어려움을 겪을 수 있다. 역사적으로 브라질의 항만 인프라는 경제 공간의 근본이었다. 16세기 식민 시대 이래 바다를 통한 물동량은 브라질 내 내수를 위한 물동량을 능가했고 외부 경제가 브라질 경제 체계를 좌우하는 수준이었다. 브라질 하천에는 약 44,000킬로미터의 강이 있으며 그중 29,000킬로미터는 자연적으로 항해가 가능하지만 13,000킬로미터만이 효율적으로 사용되며 주로 대두, 식물성 기름, 목재 등의 운송에 사용되었다. 바닷길은 약 7,500킬로미터로 운송 물류의 운임이 저렴하여 국제 무역에서 가장 많이 사용되는 항로이며 무엇보다도 이러한 장점은 브라질의 지리적 여건을 바탕으로 발달된 천연의 생태환경 덕분이다.

19세기와 20세기 전반에 걸쳐 항구는 국가나 식민 권력의 도구로 사용되었으며 항구로의 접근과 폐쇄는 시장 통제를 의미했다. 과거에는 내륙과 해상 운송의 높은 비용에 비해 항만 비용이 미미한 가운데 항만 간의 경쟁도 미미했으나 현대에 와서는 그 반대가 되었다. 항만 인프라는 해상 운송 물류의 효율성을 높이는 요소로 등극했으며 세계적 경쟁의 장이 되고 있다. 항만의 효율성이 증가하면서 공공 기관에 대한 관료적 통제가 강화되었고, 민간 부문 역시 광범위한 항만 활동에 참여할 수 있는 기회를 갖게 되었다.

브라질 항만 시스템은 규제 범위가 글로벌 표준에 접근하는 추세에 있다. 국가 준설 프로그램은 브라질 항구 준설을 위한 작업 및 엔지니어링 서비스의 투자와 개발 촉진을 목표로 하고, 대형 선박의 항구 진입 통로가 항구를 사용하는 용량과 호환이 가능해야 한다, 무엇보다 가장 큰 기술 변화 중 하나는 컨테이너 터미널의 등장이다, 항만 인프라에서 컨테이너 처리를 전문적으로 처리하는 컨테이너 터미널은 컨테이너 화물의 본선 하

〈그림 4〉• 브라질의 항만 인프라.

출처: 브라질 교통부(Ministério dos Transportes).

역, 보관, 트럭, 철도에의 컨테이너 인수, 장치, 빈 컨테이너의 집화, 컨테이너의 수리 및 청소 등의 제반 기능을 수행하는 장소이다. 컨테이너 터미널에는 선박의 선적 및 하역이 기계화되고 많은 사람이 트럭을 운전하여 컨테이너를 배치하거나 크레인을 작동하여 해상 운송 프로세스를 가속화하고 컨테이너 화물 처리를 통해 항만 물류에서 새로운 부가가치와 고용 창출을 통해 경제 성장에 기여한다.

그러나 컨테이너 터미널에는 화물을 조종하는 인력의 필요성을 극적으로 감소시키는 단점이 있다. 부두에서의 생산성을 증가시켜 항구 운영의 자본 집약도를 증가시키는 반면 수송 수단과 항만 등 다양한 차원의 컨테이너 이용이 화물 이동 속도를 빠르게 하고 비용을 절감하여 물류 체인의 운송 통합에 기반이 되고 있다. 즉 항만 시설 가동을 위해 기계화, 자동화를 제고하여 효율성을 높이는 반면 일자리 수는 줄여 부의 분배보다는 집중을 가속화하는 플랫폼 역할을 하는 것이다. 현재 브라질에는 해상 항만과 터미널, 수로 시설 등 총 175개의 화물 항만 시설이 있다. 광범위한 해안과 내륙 유역을 따라 항구가 위치해 있으며 76개의 터미널은 남부 지역에 18개, 중서부 지역에 6개, 북부 지역에 52개가 위치해 있다.

브라질 항만 시스템은 지난 30년 동안 관리와 규제에 관한 제도 체계 개선 과정에서 심각한 과도기적 위기를 겪었다. 전체 무역량의 80%를 처리하는 항만 인프라는 국제 무역의 물리적인 출입구로서의 기능도 중요하지만 규모의 경제도 부각되는 공간이다. 특히 지구적 차원의 무역량 출입을 관리하는 공간으로서 국제적으로 요구되는 일정한 체계 기준이 정해져 있고, 이러한 이유로 브라질의 항만 개혁은 정부 주도의 인프라 사업 공공성을 강화하기보다 최대한의 경제 효과를 증가시키는 체계적 공간으로 계획되었다. 2000년대 초 룰라 정부의 수출 지향 정책에 힘입어 무역량이 계속해서 증가함에 따라 기존의 항만 인프라 역량으로는 감당하기 어려운 물동량에 직면하면서 대중의 이익을 우선하는 정부의 의지와는 다른 일련의 항만 인프라 개발 계획을 수립하게 되었다.

브라질의 모든 항구가 규제 기관인 국립수상교통국(Agência Nacional de Transportes Aquaviários, ANTAQ)을 두고 있으며, 이 기관은 교통부(MT)의 감독을 받는다. 또한 교통부는 준설, 항만 시설 확충과 같은 인프라에 대한 투자 일정을 담당하고, 국립교통인프라관리국(Departamento Nacional de Infraestrutura em Transportes, DNIT)은 이를 실행하는 역할을 하는데, 2007년 창설된 항만특별사무국(SEP)은 당시 항만 인프라의 중요성을 인식한 정부의 적극적 정책의 결과이다.

# 6 브라질 전력 인프라

에너지 전환은 국가 에너지원[6]의 구조적 변화를 의미하며, 화석연료 모델에서 재생 가능한 에너지원 기반으로 이동하는 것이다. 이는 단순히 에너지원의 다각화를 의미하는 것이 아니라 공급망의 효율성 증진과 함께 정치, 경제, 사회 전반에 탈탄소화 기반을 구축하는 패러다임 전환을 의미한다. 무엇보다도 이러한 에너지 패러다임 전환은 '경제의 전기화'를 통해 실현될 수 있다는 전제하에 재생에너지원 기반의 전력 생산 확대를 추구하는 모델이다. 기후위기로부터 에너지 부족 극복을 위해 과감한 도전을 시작했으며 지속가능한 미래 에너지 기반을 설계하고 있다.

전력 산업에서 재생에너지 비중을 높이는 새로운 에너지 패러다임 편입은 역동적인 재생에너지 시장을 보유하고 있는 라틴아메리카 지역에 매우 적합하다. 특히 브라질은 세계적인 담수력을 자랑하는 수력 발전뿐만 아니라 전통적인 농업 강국으로서 실천할 수 있는 바이오매스, 방대한 국토 내 기후 환경을 활용할 수 있는 풍력과 태양광 등 신재생에너지원[7] 기반의 보편화가 현실적으로 가능하다. 온실가스 배출 축소를 위한 재생에너지 이용에 의한 다양화 정책을 비롯하여 국가 정책과 제도적 실천 여건에서도 패러다임 편입이 쉽지 않다. 브라질이 30년 이상 선진국 모델 편

---

6) 에너지원은 수요를 충당하기 위해 국가, 주 또는 세계에서 사용할 수 있는 에너지원의 집합을 말한다. 이는 일반적으로 한 국가에서 사용할 수 있는 에너지의 양을 나타내며 이는 재생 가능 또는 불가능한 원천일 수 있다.

7) 신재생에너지란 석탄, 석유, 원자력 및 천연가스 등 화석연료가 아닌 태양 에너지, 바이오매스, 풍력, 소수력, 연료전지, 석탄의 액화 가스화, 해양 에너지, 폐기물 에너지, 지열, 수소 에너지 등이 있다.

〈그림 5〉 • 브라질의 철도 인프라.
출처: DNIT, 2019.

입을 꾸준히 이행했지만, 지정학적이나 전략적으로 국내 산업과 사회 환
경과는 동떨어진 외부 지침이 다수 존재한다. 브라질은 재생에너지원 비
중이 세계적으로 월등히 높지만, 전기 요금이 가장 비싼 나라 중의 하나이
고, 전력 인프라가 국토 내 상호 연결된 통합 체계 기반에서도 전력 공급
의 불평등과 인프라의 효율성 제고가 어렵다.

세계적으로 확산하고 있는 탄소 중립과 지속가능한 에너지 생산을 위
한 시도는 '경제의 전기화'로 수렴되는 추세다. 이는 지속가능한 최종 에
너지 소비를 화석연료가 아닌 전기 에너지로 대체하는 것을 의미한다. 이
러한 체계가 가동되기 위해서는 상호 연결을 통한 국가 간 공통된 규칙과
에너지 교환 및 보완 체계를 수립해야 하고 화석연료 대신 재생에너지로

대체하는 전력 기반을 통해 탄소 감축을 달성하는 것이다.

전력 산업은 발전에서 공급 그리고 다시 재생가능한 발전으로 선순환이 이루어질 때 가장 안전하고 지속가능하다. 브라질은 1990년대 시장 개혁 추세와 함께 시작된 에너지 생산 증대 정책을 통해 다양한 에너지원 개발과 공급망 확장 정책을 추진해 왔고, 재생에너지 생산도 세계 상위 수준이다. 그럼에도 수력 발전에 편중된 재생에너지 집약도는 아직도 해결해야 할 과제이며 이를 위해 지난 10여 년 동안 에너지 전환은 최근 각 정부가 수립한 가장 중요한 목표 중 하나이다.

브라질 전력 기반은 대부분 재생에너지에 의존한다. 천혜의 자연환경으로 다양한 재생에너지를 충분히 보유하고 있어 예상치 않은 천재지변이 발생하지 않는 한 큰 위험 감수 없이 비교적 저렴한 에너지 생산 여건을 갖추고 있고, 수자원은 가장 보편적인 재생에너지로 자리 잡고 있다. 그러나 최근 20여 년 동안 심각한 기후변화로 인한 '물 위기'에 직면하면서 수력 발전 편중이 심한 브라질의 전력 환경 역시 더 이상 안전지대가 아니라는 사실이 밝혀졌다.

산업화 이래 브라질의 전력은 80% 이상을 수력 발전에 의존해 왔으며 이러한 구조는 2000년대 초반까지 유지되었다. 2001년 발생한 '대정전(apagão)' 이래 브라질은 심각한 전력 위기를 겪으면서 수력 발전에 편중된 전력 구조의 문제점을 인식하게 되었고, 대형 수력 발전소 건설로 인해 발생하는 주변의 환경 변이 심화와 빈번한 가뭄의 발생으로 지속가능한 에너지 공급에 대한 의구심을 갖기 시작했다.

브라질의 국가전력통합시스템(Sistema Interligado Nacional, SIN)은 4개의 상호 연결된 하위 시스템—북부, 북동부, 남동부 및 중서부, 남부—으로 구성되며 인접 파라과이와 공동 프로젝트로 건설한 이따이뿌(Itaipu) 수력 발전소 외에 우루과이, 아르헨티나, 베네수엘라와도 연결되어 있다. 그러나 브라질 전력 시스템은 아직 선순환이 가능한 완전한 통합망 구축 이 이루어진 상태는 아니다. 통합망에 연결되지 않은 브라질 북서부 지역 이 있으며 그 외에도 국가전력통합시스템에 연결되지 않은 고립된 235개 의 전력 시스템이 존재하는 등 다양한 과제들이 산재해 있다.

브라질 송전 통합 시스템은 세계적인 담수력을 이용하여 재생에너지 기반의 탈탄소화를 실천할 수 있는 에너지 허브 잠재력을 갖추고 있지만, 기후변화로 인한 대기 불안이 이러한 자연 조건 유지를 어렵게 하고 있다. 브라질 국립우주연구소(INPE) 연구에 따르면 남부 유역은 수력 발전 잠재 력이 유리한 데 반해 북부와 중부 유역은 수력 발전에 취약하다고 평가되 고 있으며, 전국적으로 상호 연결된 브라질국가전력통합시스템이 지역별 로 다양한 기후변화에 어떻게 작동할지는 확실치 않다고 보고 있다. 하천 의 유량 체계(regime de vazão) 변화 역시 수많은 수력 발전 장치에 저장된 에너지와 관련하여 작동 환경에 심각한 오류를 유발할 수 있고, 이러한 체 계 변화는 향후 수십 년 동안 설비 보장의 조정 등 다양한 차원의 개선이 수반되어야 한다.

무엇보다도 사회적으로 문제가 되는 측면은 국내 에너지를 생산하고 공급하는 전력 인프라가 다른 나라에 비해 월등히 높은 재생에너지원 구 조와 통합된 형태를 갖추고 있지만 실제로 이를 소비하는 수요 충족은 남 동부와 남부와 같은 지역에 편중되어 있다는 것이다. 브라질은 개혁을 통 해 민간 투자와 경쟁을 촉진하고 효율성을 높이는 유인책을 도입하여 전 력 공급의 안정성과 경제성 제고를 시도해 왔으나 민영화 역시 완전한 개선책이라고 보기 어렵다. 민영화를 통한 에너지 패러다임 편입 추진은 실제로 국가전력통합시스템 구조하에서 국영 기업의 역할을 대신하기 어렵다. 특히 브라질과 같은 대륙적 규모의 국가에서 지역별 강수량의 편차를 보완할 수 있는 시스템의 활용을 섣불리 민간 부문에 이전할 경우 기존의 공기업이 담당해온 공공성과 유지·보수·확장 등의 설비 투자에 대한 지속성 보장이 제대로 이행될지가 문제이다.

전력 부문의 시장 개방 정도는 훨씬 높아졌지만, 국내 소비자들은 같은 전력을 소비하면서 높은 가격을 지불하고 전기를 사용한다는 사실에 불만을 느끼고 있다. 새로운 시장과 산업 패러다임에 편입하는 대부분 국가에서 겪는 이러한 변화는 실제 소비자인 국내 사회의 평가를 간과하고 있는 실정이다.


## 7 맺음말

브라질은 전통적으로 개발된 지역과 그렇지 못한 지역으로 확연히 구분된다. 남동부와 남부 지역은 현대화된 다양한 산업이 골고루 발달하여 산업 체계를 뒷받침해 줄 수 있는 수준 높은 인프라 개발이 되어 있다. 반면, 북부 지역은 인구 밀도가 희박하고, 개발되지 않은 상태에서 원주민 사회가 분산되어 있다. 그리고 중서부 지역은 인구 분포 형태는 북부와 비슷하지만, 대규모 토지와 자연환경을 기반으로 원자재 수출을 통해 신흥 지역으로 부상하고 있다. 마지막으로 북동부 지역은 오랜 개빌 역사와 인구와 시장 규모가 큼에도 불구하고 낙후된 인프라 개발과 낮은 경제 수준을 보인다.

　이러한 지역 격차 해소를 위해 브라질 정부는 산업화와 더불어 국토통합을 추구했고, 인프라 개발은 국토 통합을 위한 방안으로 작용했다. 무엇보다 인프라는 국제 시장 편입을 통해 외부 시스템에 통합되는 구조를 가질 수 있고, 국가 경제에서 선순환할 수 있는 내부 시스템에 통합되는 구조를 가질 수도 있다. 특히 후자의 경우는 국가가 주도하는 체계 속에서 지속가능한 발전을 자체적으로 달성할 수 있는 여지가 있다. 즉 국토를 사용하여 삶의 터전을 만들고 행정 체계를 구축하여 자체적인 문화와 역사를 만들거나 이식하여 그 지역에 적응시킨 후 지역의 고유한 삶의 방식을 만들어 내는 것이 그 지역의 내재적 가치(valor intrínseco)를 만드고 체질화시키는 방법이다.

　현재 진행되는 브라질의 인프라 개발은 지역의 경제·사회 공간의 가치를 변형시키고, 이미 완성된 인프라 체계를 중서부와 북부 아마존 열대우림(Amazônia)지역으로의 연장에 초점을 맞추고 있다. 이는 외재성이 브라질 국토의 경계를 관통하여 진입한 결과이다. 산업화 이후 브라질의 국토 활용이 생산 관계 기반으로 이루어지는 상황에서 대규모 투자를 하는 글로벌 기업이나 거대 자본의 영향력은 나날이 커지고 있다. 내부에서 자생적으로 쌓여 온 경제, 사회, 문화적 요소들을 포함시키면서 국가적 통합 단위가 형성되고, 경제를 좌우하는 국토 개발이 내부적 시각에서만 바라볼 수 없고, 오히려 외부의 경제 운영 시스템에 연동된 일련의 활동 관계에서 비롯된다.

　국토 통합과 인프라 통합은 단순히 같은 의미로 통용될 수 없다. 지역 사회의 내부적 가치를 함유하고 있는 국토 통합과 공간의 경제적 활용도에 따라 유연한 변이를 하는 인프라 통합은 구분되어야 한다. 다시 말해서 인프라 개발은 투자 활성화를 통한 경제 규모 확장과 대규모 투자를 통한 역동성 추구의 구체적 과정이지만, 실제로 지속가능한 발전으로 이어질 수 있는 인프라 구축은 지역 간 균형적 발전을 통해 이루어진다. 즉 인프라 구축을 통한 낙후된 생산 환경 개선이 반드시 지역사회의 발전으로 직결되는 것은 아니다. 남동부의 유리한 산업 환경이 다른 지역으로 투자가 유입될 수 있는 가능성을 축소하는 것처럼, 낙후된 지역일수록 자체적으로 경제 순환이 제대로 일어날 수 있는 시스템이 마련되는 것이 더 중요하다.

원자재 산업이 브라질 무역 수지에 긍정적 효과를 내는 것은 사실이지만 장기적 관점에서 이러한 1차 산업 위주의 산업 구조가 체질화되면 국익보다 피해가 더 많아질 수 있다. 원자재 산업의 특징은 기술이 첨가되거나 질적인 측면이 보강되어 가치를 높이는 것이 아니라 규모의 경제를 통한 생산성 향상에 직결된다. 미개발지는 경제적 이익을 내지는 못하지만 자연 그대로의 보전을 통해 적어도 환경 피해는 줄일 수 있다. 무엇보다도, 이러한 산업 부문은 저급의 기술을 함유하는 산업으로서 미래 지향적이지 못하고, 부가가치도 낮아서 대안 산업을 찾는 것이 급선무이다.

현재 기후변화와 환경 훼손이 심각해지는 상황에서 기술 혁신은 산업의 경쟁력을 높이는 중요한 기반이 되고 있다. 특히 원자재 산업에서 강조하는 효율성 위주의 생산 방식은 토지 개발 확대를 자극하고 규모의 경제에 편중하여 자연 파괴의 주요인이 되고 있다. 이러한 위험성을 극복하려면 새로운 대규모 국토 개발 위주의 생산 방식에서 벗어나야 하고 생태계 유지와 자연 파괴를 최소화할 수 있는 적합한 규모의 산업 부문과 방식을 찾아야 한다. 즉 산업문명에서 생태문명으로의 전환을 위한 체계 구축을 위해 생산과 소비가 다시 생산으로 선순환할 수 있는 환경 조성이 절실히 요구된다.

# 3부
# 기후위기 시대의
# 오염과 회복 이야기

# 제 8 장

# 상파울루 시에서 코로나19에 따른

## 대기오염물질 변화*

장유운

* 이 글은 『중남미연구』 제40권 1호에 실린 필자의 논문을 수정·보완한 것이다.

# 1 들어가며

세계보건기구(World Health Organization, WHO)는 2020년 3월 11일에 코로나19를 팬데믹으로 공식 선언했다. 브라질에서는 2020년 2월 25일에 코로나바이러스가 보고되었다. 상파울루 주는 2020년 3월 24일에 코로나19 대책으로 부분 락다운을 시행했다(Nakada and Urban, 2020; São Paulo, 2021). 부분 락다운으로 쇼핑몰과 식당 그리고 헬스장의 운영이 금지되었고, 대부분의 초등학교, 중학교, 고등학교, 대학교는 휴교했다.

도시에서 코로나19 발생은 사회·경제적 변화와 함께 도시의 대기질 특성에도 영향을 주었다(Bermudi et al., 2020; Islam et al., 2020). 주 등(Zhu et al., 2020)은 중국의 120개 도시에서 대기오염물질 분포에 따라 코로나19 환자 발생이 영향을 받을 수 있다는 연구를 발표했으며, 이는 입자 오염물질(PM10, PM2.5)과 기체 오염물질(일산화탄소(CO), 이산화질소($NO_2$), 오존

($O_3$), 이산화황($SO_2$)) 농도가 높은 지역에서는 사람과 사람과의 접촉이 빈번할 가능성이 크기 때문이다. 이탈리아에서도 만성적으로 대기오염에 시달리는 도시에서 호흡기나 염증 반응으로 코로나19의 초기 확산이 심할 수 있다는 연구가 발표되었다(Fattorini and Regoli, 2020). 그래서 코로나 초기에 부분 락다운 또는 전면적인 락다운을 통해 사람과 사람 간의 바이러스 전파를 차단하려는 정책을 여러 도시에서 도입했다(Kerimray et al., 2020).

상파울루 시는 인구 2천만 명의 대도시로 33개의 대기자동측정소에서 대기오염물질을 상시 측정하고 있으며, 환경 기준을 설정하여 시민들의 건강에 위해한 대기오염물질을 줄이려고 노력하고 있다(CETESB, 2019). 상파울루 주 환경부에 따르면, 질소산화물(NOx)의 경우 74%, 이산화황의 16%, 그리고 미세먼지(PM10, PM2.5)의 40%가 차량에서 발생한다. 일산화탄소도 97%가 자동차에서 배출되었다(CETESB, 2019). 상파울루 시는 대기 정체가 심각한 도시로 잘 알려져 있다. 톰톰(TOMTOM, 2021) 자료에 따르면, 코로나19 발생 기간에는 교통 정체가 평균 51% 감소한 것으로 평가되었으며 부분 락다운 기간에는 교통량이 평균 61% 감소했다. 치께또 등(Chiquetto et al., 2020)은 브라질 상파울루에서 2018년 5월에 파업으로 10일 동안 트럭 운행이 중단되었을 때 일산화질소(NO)와 일산화탄소와 같은 대기오염물질 농도가 감소했다는 결과를 제시했다. 이렇게 락다운 정책이나 에너지 제한 공급과 같은 이벤트로 도시의 대기질이 많이 개선되었지만, 도시에 따라 대기오염물질의 감소 양상이 다른 특성을 보였다.

오존의 경우 호흡기에 영향을 끼쳐서 코로나19 발생과 양의 상관관계가 있는 것으로 연구되었는데, 많은 도시에서 락다운 기간에 오존 농도는 다른 대기오염물질과 달리 오히려 증가했다(Islam et al, 2020).

본 연구에서는 상파울루 시에서 락다운 시기와 함께 고농도의 대기오염물질이 발생하는 기간을 포함하여 2020년 1년 동안의 대기질 특성을 연구했다.

## 2 연구 방법

### (1) 분석 자료의 이해

상파울루 시의 대기오염물질 측정 자료와 기상 자료는 상파울루 시 환경부(CETESB)에서 제공하는 실시간 측정 자료를 활용했다. 상파울루 시는 33개의 대기오염물질 자동측정소 운영을 통해 주요 대기오염물질의 시간 단위 자료를 실시간으로 공개하고 있다. 그리고 측정소가 위치한 도시 특성에 따라 측정 항목을 달리하고 있다(그림 1). 상파울루 시의 교통량 자료는 톰톰 사에서 제공하는 일평균 교통량 자료를 이용했다.

분석 기간은 2016년 1월 1일부터 2020년 12월 31일까지 시간 단위로 측정한 자료를 이용했다. 코로나19로 인한 대기질 변화를 연구하기 위해서 코로나 이전 시기(2016-2019년)와 락다운 시기(2020년 3월 24일-5월 10일)의 자료를 비교·분석했다.

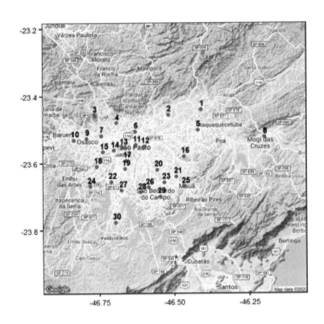

<그림 1> • 상파울루 시의 30개 대기자동측정소 현황(표에 측정소명 표기).

출처: DNIT(2019).

## 3 연구 결과

### (1) 상파울루 시의 코로나19 현황과 주요 대기오염물질 특성

〈표 1〉에 30개 대기오염자동측정소의 대기오염물질에 대한 연평균 농도를 나타냈다. 30개 대기오염자동측정소에서 비교 기간(2016-2019) 동안 측정된 대기오염물질의 평균 농도를 지역별 그리고 측정소별로 분석했다. 차량에서 배출되는 오염물질에 영향을 많이 받는 일산화탄소와 일산화질소 그리고 이산화질소는 서부 지역과 남부 지역에서 높게 분포해서 도심 지역의 특성을 나타냈다. 측정소에서는 서부 지역의 Marg

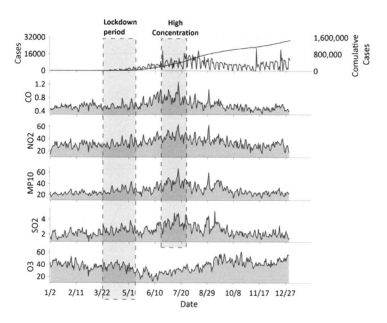

〈그림 2〉· 상파울루 시의 코로나19 발생 현황과 주요 대기오염물질(2016-2019) 일평균 농도.

Tiete(7번)와 Osasco(9번) 그리고 남부 지역의 Congonhas(19번) 측정소
에서 고농도로 관측되었다. 입자상 물질인 PM10과 PM2.5는 대부분 지역
에서 큰 차이가 없었지만, 서부 지역의 Osasco(9번) 측정소에서 고농도로
분석되었다. 광화학 스모그인 오존은 중서부 지역의 Pico do Jaragua(3
번) 측정소와 동부 지역의 Mogi das Cruzes(8번) 그리고 S.Berrdo-
Centro(29번) 측정소 등에서 고농도로 관측되었는데, 도심 외곽의 인위적
오염물질 농도가 낮은 지역에서 오존 농도가 높게 관측되는 특성을 보였
다. 산업 시설에서 주로 배출되는 이산화황은 중북부 지역을 제외하고 대
부분 지역에서 2.1-2.9ug/m³ 의 수준으로 분포했다.

〈표 1〉 상파울루 시 30개 측정소의 대기오염물질 연평균 분포 현황

| 지역 | 번호 | 측정소 | 2016-2019년 연평균 농도(ug/m³) | | | | | | |
|---|---|---|---|---|---|---|---|---|---|
| | | | CO | NO | NO₂ | O₃ | SO₂ | PM10 | PM2.5 |
| 남동부 | 20 | Sao Caetano do Sul | 0.47 | 13.3 | 32.4 | 38.9 | 2.9 | 29.7 | 16.7 |
| | 21 | S.Andre-Capuava | | 7.5 | 27.3 | 39.3 | 2.5 | 26.6 | |
| | 23 | S.Andre-Paco Municipal | 0.66 | | | | | 28.4 | |
| | 25 | Maua | | 7.7 | 23.3 | 34.9 | | 28.1 | 15.3 |
| | 26 | S.Berrdo-Pauliceia | | | | | | 26.5 | |
| | 28 | Diadema | | | | 35.6 | | 25.6 | |
| | 29 | S.Berrdo-Centro | 0.48 | 6.3 | 26.8 | 44.8 | | | 16.1 |
| | | 평균 | 0.54 | 8.7 | 27.5 | 38.7 | 2.7 | 27.5 | 16.0 |
| 중북부 | 3 | Pico do Jaragua | | 3.0 | 16.9 | 54.3 | | | 14.4 |
| | 4 | N.Senhora do O | | | | | | 26.5 | |
| | 6 | Santana | | | | 36.6 | | 29.0 | 16.6 |
| | 11 | Parque D.Pedro II | 0.41 | 15.6 | 37.4 | 35.4 | 1.9 | 28.1 | 17.2 |
| | 13 | Cerqueira Cesar | 0.51 | 21.2 | 36.2 | | 1.9 | 24.8 | |
| | | 평균 | 0.46 | 13.3 | 30.2 | 42.1 | 1.9 | 27.1 | 16.1 |
| 동부 | 1 | Guarulhos-Pimentas | 0.49 | 8.4 | 22.7 | 42.6 | 2.9 * | 31.7 | 19.3 |
| | 2 | Guarulhos-Paco Municipal | | 8.0 | 28.0 | 38.5 | | 28.2 | 16.3 |
| | 5 | Itaim Paulista | | 6.1 | 20.5 | 40.2 | | 29.5 | 17.7 |
| | 8 | Mogi das Cruzes | | 6.1 | 17.6 | 48.6 | | 23.0 | |
| | 12 | Mooca | 0.50 | | | 33.7 | | 26.2 | 15.8 |
| | 16 | Itaquera | | | | 39.2 | | | |
| | | 평균 | 0.5 | 7.15 | 22.2 | 40.5 | 2.9 | 27.7 | 17.3 |

| 지역 | 번호 | 측정소 | | | | | | | | |
|---|---|---|---|---|---|---|---|---|---|---|
| | 17 | Ibirapuera | | 0.27 | 6.9 | 27.3 | 43.1 | | | 14.3 |
| | 19 | Congonhas | | 0.80 | 45.0 | 59.4 | | 2.6 | 29.6 | 18.1 |
| | 22 | Santo Amaro | | 0.60 | | | 30.9 | | 25.7 | |
| 남부 | 24 | Capao Redondo | | | 9.6 | 27.4 | 36.5 | | 24.3 | |
| | 27 | Interlagos | | | 11.1 | 27.2 | 41.3 | 2.1 | 24.5 | |
| | 30 | Grajau-Parelheiros | 30 | 0.59 | 19.7 | 28.9 | 40.3 | | | 36.4 |
| | | 평균 | | 0.57 | 18.5 | 34.0 | 38.4 | 2.4 | 28.1 | 16.4 |
| | 7 | Marg.Tiete-Pte Remedios | | 0.71 | 58.9 | 55.8 | 34.9 | 2.5 | 32.1 | 19.2 |
| | 9 | Osasco | | 0.85 | 48.7 | 45.8 | | 2.4 | 40.6 | 20.6 |
| | 10 | Carapicuiba | | 0.45 | 13.7 | 32.4 | 36.3 | | 27.8 | |
| 서부 | 14 | Pinheiros | | 0.58 | 27.8 | 36.9 | 29.2 | | 28.0 | 15.4 |
| | 15 | Cid.Universitaria-USP-Ipen | | | 12.3 | 32.1 | 37.4 | | | 14.9 |
| | 16 | Itaquera | | | | | 39.2 | | | |
| | | 평균 | | 0.68 | 31.4 | 39.5 | 34.5 | 2.5 | 31.2 | 17.5 |

〈그림 2〉는 2020년 1월부터 12월까지 상파울루 시의 코로나19 환자 발생 현황을 나타낸 것으로 첫 번째 음영으로 표시한 락다운 기간인 7주 동안 누적 확진자는 400명대에서 40,000명대까지 100배 증가했다. 코로나19 환자 수는 겨울철인 8월에 하루 19,000명까지 발생했고, 이후 감소했지만, 12월에 다시 하루 20,000명까지 정점을 기록했다(Brasil, 2021).

〈그림 2〉의 5개 대기오염물질은 2016년 1월 1일부터 2019년 12월 31일까지 일평균 자료를 이용하여 연간 농도 변화를 나타낸 것이다. 첫 번째 음영으로 표시한 락다운 기간인 3월에서 5월에 해당하는 7주 동안의

대기오염물질 농도는 다른 기간에 비해 일산화탄소는 23%, 이산화질소는 29%, 그리고 이산화황은 10% 낮았으며 입자 물질인 PM10은 7.6% 낮게 분포했다. 이것은 상파울루 시에서 락다운을 실시한 시기가 대기오염물질이 낮은 시기임을 의미한다. 〈그림 2〉에서 두 번째 음영 기간은 상파울루 시에서 오존을 제외한 대부분 대기오염물질이 연중 가장 높게 관측되는 시기로, 다른 기간과 비교해 일산화탄소는 47%, 이산화질소는 44%, 그리고 이산화황과 PM10은 44%와 39% 높게 분포했다.

## (2) 락다운 기간과 고농도 기간 대기오염물질 영향 분석

시앙 등(Xiang et al., 2020)은 코로나19로 교통량이 37% 감소할 때 주요 대기오염물질이 25%(검댕)에서 33%(일산화질소)까지 감소한다는 연구를 발표했다. 그리고, 사 등(Sá et al., 2017)도 상파울루 시의 경우 교통량 감소 시나리오를 통해서 조기 사망률을 낮출 가능성을 제시했다. 코로나19로 인해 상파울루 주에서 대기오염에 영향을 미치는 차량용 가솔린과 에탄올의 사용량은 락다운 전보다 4월과 5월에 평균 31% 감소한 것으로 나타났다(Kassai, 2020b). 상파울루 시에서 아침과 저녁 시간대의 교통 정체도 2019년에 비해 3월에 17%, 4월에 84% 그리고 5월에도 78%까지 감소했다(TOMTOM, 2021).

2020년 코로나19로 인해 락다운 기간에 오존을 제외하고 대부분 대기오염물질이 비교 기간(2016-2019)보다 13.8%(PM10)에서 39.6%(일산화질소)까지 감소하는 것으로 나타났다(표 2). 반면에 락다운 시기 이외의 기간에는 대부분 오염물질의 농도 변화는 1% 내외로 큰 변화가 없었다. 전체적으로 2020년은 코로나19로 인해 비교 기간(2016-2019)보다 오존을 제외하고 4.1%(PM10)에서 22%(이산화황)가 감소했다. 그리고 대기오염물질이 고농도로 분포하는 시기에는 락다운 기간보다는 감소 폭이 낮았지만, 대기오염물질에 따라 13.2%(PM10)에서 33.9%(이산화황) 감소했다. 산따나 등(Santana et al., 2020)은 상파울루 시에서 오존 농도가 증가할 경우 호흡기 질환으로 병원을 찾는 환자가 증가한다고 제안했다.

〈표 2〉 2016-2019년과 2020년의 대기오염물질의 증감율(%)

| 기간 | CO | PM10 | PM2.5 | NO | NO₂ | O₃ | SO₂ |
|---|---|---|---|---|---|---|---|
| 락다운 | -37.4 | -13.8 | -19.8 | -39.6 | -30.3 | 21.5 | -29.9 |
| 비락다운 | 0.8 | 0.1 | -0.3 | -0.04 | -0.2 | 0.7 | -0.3 |
| 고농도 | -20.7 | -13.2 | -24.4 | -31.0 | -12.9 | 17.0 | -33.9 |
| 전체 기간 | -14.0 | -4.1 | -8.4 | -20.0 | -10.0 | 12.0 | -22.0 |

도시에서 이산화질소와 일산화탄소는 자동차 연료 사용에 영향을 받지만, 이산화황은 산업 시설과 같은 배출원의 영향도 받기 때문에, 이산화질소와 이산화황의 비율로 코로나19로 인한 배출원의 차이를 비교해 보았다.

〈그림 3〉에서 락다운 기간에 이산화질소와 이산화황의 비율이 25% 감소함으로써 차량의 운행이 급감한 것을 확인할 수 있다. 그러나 이후 락다운 시기 이외의 기간에는 이산화질소의 배출이 락다운 이전 비율을 회복

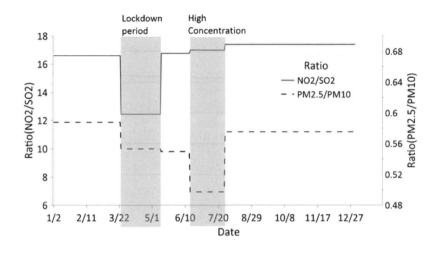

〈그림 3〉• 대기오염물질의 비율을 이용한 상파울루 시의 락다운 기간과 고농도 기간의 대기 특성.

했으며, 이것은 출퇴근 시간에 차량의 이용량은 줄어들었지만, 낮에 슈퍼마켓이나 주유소 방문 등 시민들의 물건 구매에 차량 이용이 증가한 것으로 평가된다(Kasai, 2020a).

입자상 물질에서 PM10은 PM2.5에 비해 자연적으로 배출되는 성분이 많으므로, 입자상 물질의 비율(PM2.5/PM10)을 통해 대기오염에 기여하는 인위적 오염물질의 영향을 평가할 수 있다. PM2.5/PM10이 높을 경우는 인위적 오염물질의 영향이 많다는 것을 의미한다.

상파울루 시에서 락다운 기간에 PM2.5/PM10은 5.9% 감소했으며, 고농도 기간에는 15.4%까지 감소했다. 차량에서 미세먼지에 기여하는 비율이 유사하다는 특성을 고려하면, PM2.5/PM10의 비율이 시간이 지남에 따라 감소하는 것은 산업 시설의 가동이 감소함에 따른 대기오염물질 배출량 감소와 관련이 있다.

## 4 대기오염물질 감소와 조기 사망 평가

〈그림 4〉에서 락다운 기간이 끝나는 시점에서는 주 단위의 대기오염물질의 평균 농도가 비교 기간보다 높은 농도로 증가함에 따라 시민들의 활동이 증가하는 것을 확인할 수 있다. 그리고 이산화황의 주 평균 농도 분포도 월별 분포처럼 락다운 기간 이후에 비교 기간에 비해 낮은 특성을 보여서 산업 분야의 배출원이 감소하는 것으로 나타났다.

WHO(2013)는 입자상 물질인 PM2.5가 $10ug/m^3$ 증가할 때마다, 심폐 기능과 관련해 6-13%의 사망자가 증가할 수 있다고 발표했다. 서 등(Seo et al., 2020a)은 서울에서 코로나19로 인한 대기질 감소가 조기 사망자 수를 줄이는 데 기여할 수 있음을 제시했다. 서울과 대구의 경우 코로나 시기에 이산화질소와 미세먼지(PM10과 PM2.5)의 감소로 18주의 사회적 거리 두기 기간 동안 505명의 조기 사망이 감소한 것으로 분석한 사례도 있다(Seo et al., 2020b). 이렇게 대기질 변화에 따라 사망률 연구에 이산화질소와 입자상 물질(PM10, PM2.5)이 주로 활용되고 있다. 본 연구에서도 이

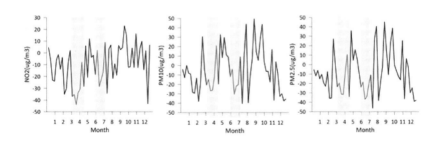

〈그림 4〉 • 비교 기간과 2020년 주별 농도 증감률.

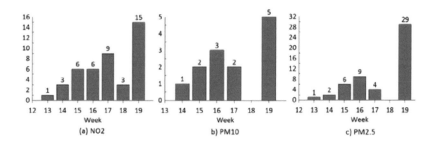

〈그림 5〉・ 락다운 시기에 감소가 전망되는 조기 사망자.

산화질소와 PM10 그리고 PM2.5의 조기 사망 기여지수와 대기오염물질의 감소량을 이용해 상파울루 시의 조기 사망자 감소 가능성을 평가했다.

〈그림 5〉는 상파울루 시에서 코로나로 인한 사망자 수를 반영했을 때, 락다운 시기에 대기오염물질 감소로 예상되는 조기 사망자를 나타낸 것이다. 락다운 기간에 이산화질소와 PM10 그리고 PM2.5 개선으로 각각 43명, 13명, 51명의 조기 사망을 예방할 수 있었다. 그러나 상파울루 시에서 락다운 기간은 〈그림 2〉에서 보았듯이 대기질의 농도가 낮은 시기라서 고농도 시기의 대기질 개선에 따른 조기 사망 감축도 〈그림 6〉에 나타냈다.

상파울루 시에서 고농도 시기에는 락다운 시기보다 평균 4.8배 많은 조기 사망자를 감축할 수 있는 것으로 평가되었다. 특히 입자상 물질인 PM2.5가 락다운 시기보다 비교 기간에 감소율이 높았기 때문에, 6.5배 많은 332명의 조기 사망자를 예방할 수 있었다.

시민들의 건강과 관련된 이산화질소와 PM10 그리고 PM2.5는 상파울루 시의 측정소에 따라 각각 68%, 79%, 88%의 큰 편차를 가지고 있어서 〈그림 7〉에 30개 측정소에 대한 이산화질소, 이산화황, 입자상 물질

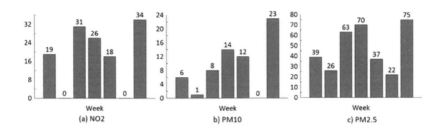

〈그림 6〉• 고농도 시기에 감소가 전망되는 조기 사망자.

(PM10, PM2.5)의 감소량을 평가했다.

이렇게 건강과 관련된 이산화질소와 미세먼지는 상파울루 도심 공간에서 다양한 특성을 나타냈다. 차량에서 많이 배출하는 이산화질소는 도심 지역에서 상대적으로 감축량이 많았고, 이산화질소 농도가 낮은 동부 지역의 경우 평소 차량 통행이 적어서 락다운 시기와 고농도 시기에 모두 농도 감소가 낮게 나타났다(그림 7a). PM10은 산업 지역인 상파울루 남동부 지역에서 상대적으로 큰 감소를 나타냈지만, 도심 지역인 서부 지역에서는 감소율이 낮게 나타났다(그림 7b). 입자상 물질인 PM2.5 성분은 상파울루 시의 도심 지역(서부 지역, 남부 지역)이나 비도심 지역(중북부 지역, 동부 지역) 모두 락다운 기간과 고농도 발생 기간에 5ug/m³ 이상의 감소를 나타냈다(그림 7c).

고농도 시기는 락다운을 시행하지 않음에도 PM2.5의 감소율이 락다운 시기에 비해 높게 평가되었으며, 이것은 락다운으로 인한 경제 충격이 지속되는 것으로 추정할 수 있다. 이산화황은 중북부 지역을 제외하고 측정소 위치에 따라 감소 차이가 있었으며, 동부 지역의 꽁고냐

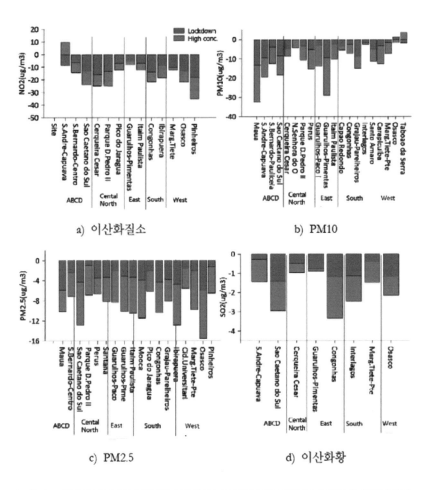

a) 이산화질소          b) PM10

c) PM2.5          d) 이산화황

〈그림 7〉·대기오염측정소에서 락다운 시기와 고농도 시기의 비교 기간 PM2.5와 이산화황의 변화.

스(Congonhas) 측정소와 산업 지역에 위치한 서웅까에따누두술(Sao Caetano do Sul) 측정소에서 락다운 시기와 고농도 시기에 3ug/m³ 수준으로 감소했다.

# 5 맺음말

본 연구는 코로나19 기간 동안 상파울루 시의 부분 락다운 정책이 도시 대기질과 시민 건강에 미치는 영향을 평가하고자 했다. 부분 락다운을 시행한 3월 24일에서 5월 10일은 상파울루 시에서 대기오염이 낮은 시기에 해당하지만, 시민들의 이동량과 교통량 감소로 오존을 제외하고 대기질 개선의 효과가 큰 것으로 평가되었다.

이산화질소와 일산화탄소 그리고 입자상 물질인 PM10과 PM2.5는 비교 기간(2016-2019)보다 각각 30.3%, 37.4%, 13.8% 그리고 19.8%가 감소했다. 인위적 오염물질의 영향을 평가하기 위한 입자상 물질의 비율(PM2.5/PM10)은 락다운 기간에 코로나19 발생 이전 시기보다 5.9% 감소해서 인위적 오염물질의 영향이 줄어든 것으로 평가되었다.

상파울루 시에서 대기질이 가장 악화되는 시기인 7월에도 비교 기간에 비해 대기오염물질이 12.9-33.9% 수준에서 감소했으며, PM2.5/PM10 또한 15.4%까지 낮아져서 경제 활동이 감소한 것으로 평가된다.

도시의 이동 배출원에서 주로 배출되는 이산화질소와 산업 시설에서 배출되는 이산화황의 비율($NO_2/SO_2$)은 코로나 초기에는 락다운 정책으로 이산화질소의 배출이 급감했지만, 락다운 정책을 시행하지 않은 고농도 시기에는 산업 배출원의 감소로 이산화황이 줄어들어 이산화질소와 이산화황의 비율이 락다운 시기 이전을 회복했다.

코로나19로 감소한 대기오염물질은 조기 사망자를 감소시키는 데 기여할 수 있었다. 이산화질소와 입자상 물질(PM10, PM2.5)의 감소로 락다운 기간에는 107명을, 그리고 고농도 시기에는 337명의 조기 사망자를 줄일 수 있었다. 이렇게 락다운을 실시하여 대기질 개선과 조기 사망자 감소에 기여할 수 있었지만, 10월부터 상파울루 시의 대기질은 다시 악화되었다.

본 연구에서는 코로나19로 인한 사회적·경제적 피해를 크게 겪고 있지만, 락다운 정책을 시행하면서 시민들의 이동량과 교통량 감소로 이산화질소와 입자상 물질이 감소하여 시민들의 건강에 중요한 역할을 한다는 사실을 확인했다. 그리고 상파울루 시에서 대기질 개선을 통해 시민들의 공공 보건을 향상하기 위해서는 현재의 바이오에탄올 정책과 함께 전기자동차 확대와 같은 새로운 정책 도입이 시급할 것으로 사료된다.

# 제 9 장

# 라틴아메리카 '기후 회복력' 현황과 기후 연계 공공정책*

하상섭

* 이 연구는 정의당 정책 연구인 「중남미 기후위기 대응: 그린뉴딜 정책 도입과 녹색 일자리 창출 가능성 연구」(2020.8.1-2020.12.10), 외교부 라딘아메리카 협력센터 전문가 보고서 (2020-4호) 「중남미 기후변화 대응 관련 공공정책 도입과 한계 분석」 등을 수정·보완한 것이다.

# 1 라틴아메리카 기후 회복력 탐색

오늘날 기후변화를 설명하는 많은 일반적인 용어에서 탈피해, 좀 더 다른 각도에서, 예를 들어 기후위기 혹은 기후 취약성으로부터 벗어나기 위한 회복력을 기준으로 중남미 국가들의 순위를 재평가해 보면 약간 다른 결과가 도출된다. '기후 회복력(climate-resilience)'은 물론 일관되게 측정 및 평가하기는 어렵다. 그럼에도 불구하고 기후 전문 과학 연구(노트르담 대학교)에서 활용하는 분석 방식은 기후위기에 대한 개별 국가의 취약성과 이에 대한 대응 준비 수준을 측정해 회복력을 측정, 평가한다. 약 45개의 서로 다른 지표를 사용하여 경제, 거버넌스 및 사회적 준비와 함께 식량 시스템, 수자원 가용성, 인프라 및 인간 건강과 같은 범주 전반에서 취약성을 측정하며 동시에 개별 국가의 전반적인 기후 회복력을 분석할 수 있다.

〈표 1〉 중남미 지역에 기후 회복력 평가 순위(2017년 기준)[1]

| 국가 | 세계 순위(181개 국가 중) | 평가 점수(100점 기준) |
|---|---|---|
| 칠레 | 30 | 65.7 |
| 우루과이 | 52 | 60.3 |
| 코스타리카 | 66 | 57.4 |
| 멕시코 | 68 | 56.7 |
| 콜롬비아 | 72 | 56.2 |
| 브라질 | 75 | 55.5 |
| 파나마 | 77 | 55.2 |
| 아르헨티나 | 85 | 53.3 |
| 페루 | 85 | 53.3 |
| 도미니카공화국 | 97 | 50.8 |
| 파라과이 | 99 | 50.3 |
| 엘살바도르 | 100 | 50.1 |
| 수리남 | 107 | 48.7 |
| 에콰도르 | 108 | 48.3 |
| 쿠바 | 110 | 48.1 |
| 베네수엘라 | 110 | 48.1 |
| 벨리즈 | 114 | 47.0 |
| 니카라과 | 114 | 47.0 |
| 과테말라 | 118 | 46.7 |
| 온두라스 | 124 | 44.0 |
| 볼리비아 | 127 | 44.0 |
| 가이아나 | 128 | 43.6 |
| 아이티 | 170 | 34.3 |

출처: https://medium.com/world-economic-forum.

---

1) 좀 더 자세한 분석 통계는 https://medium.com/world-economic-forum/which-latin-american-countries-are-best-prepared-to-tackle-climate-change-d7add9053c1a 참고.

앞의 〈표 1〉에서 보듯이 중남미 국가들의 기후 회복력 순위는 기후위기 취약성 지수와는 반대의 순위를 보여 준다. 칠레, 우루과이, 코스타리카가 취약성에 대한 대응 능력이 우수하며 다양한 분야에서 기후위기 대응 및 적응 능력이 높은 국가들로 분석된다. 멕시코, 콜롬비아, 브라질, 아르헨티나 등 인구나 경제 규모에서 대국인 이 국가들은 중간 정도의 회복력 순위를 보여 주고 있어 더 많은 제도와 정책적 노력이 요구된다.

〈표 1〉에서 국가별 순위에 따라 기후 회복력의 순위를 비교 평가할 수 있지만, 대부분의 많은 중남미 국가가 기후 회복력을 위한 정책과 제도적 노력을 해오고 있다. 대부분의 국가가 이미 기후변화 및 위기에 대한 정책적 대응을 위해 기후 관련 다양한 제도를 수립하고 이 분야의 입법을 했다(예를 들어 기후변화 일반법, 기후변화 국가 계획 등). 멕시코는 2012년에 2020년까지 온실가스 배출량을 30% 줄이는 것을 목표로 하는 포괄적인 '기후변화 일반법'을 통과시킨 유일한 중남미 국가였다. 브라질은 최근 조금씩 아마존 산림 벌채를 줄이는 산림 정책과 공공정책 혹은 아마존 기금을 활용해 중요한 탄소 흡수원인 아마존 열대우림을 보호하는 산림 정책을 이행해 이산화탄소 순배출량을 줄이는 결과를 낳기도 했다. 회복력에서 가장 높은 순위에 있는 칠레는 2025년까지 재생 가능 에너지로 전력의 20%를 생산할 계획을 가지고 많은 재생에너지 개발 정책을 이행 중이다.

위처럼 기후위기 관련 법안은 또한 중남미 시민사회(환경권 및 생태자연권 보장)의 광범위한 관심사를 반영하고 지지를 얻을 수 있는 수단이 되고 있다. 기후 입법은 광범위한 변화를 가져오는 데 도움이 되는데 예를 들어 기후 시장에 참여하는 외국인 투자자를 포함한 국내 사적 부문에도 긍정적인 참여 신호를 보내고 있다. 친환경 연료 개발이라는 적절한 동기가 부여된 투자자는 재생 가능 에너지 투자에 적극 참여할 수 있다. 지속가능한 도시 교통, 혁신 장려, 청정 기술과 일자리 창출, 생산성 향상 등은 좋은 경제 사이클을 만드는 키워드들로 작용하고 있다. 이러한 국내 입법 절차는 또한 유엔 기후회의에서 중남미 지역 공동체, 예를 들어 '라틴아메리카 및 카리브해 독립협회(Independent Association of Latin America and the Caribbean, AILAC)'의 기후 외교 영향력을 강화하고 있다. 칠레, 콜롬비아, 코스타리카, 과테말라, 파나마, 페루로 구성된 AILAC는 국가의 차별화된 책임을 바탕으로 전 세계 온실가스 배출 감축에 중요한 목소리를 내고 있다. 특히 AILAC의 '제3의 길'은 기후 외교에서 주목을 받고 있으며 기후변화 지구정상회의 글로벌 합의를 달성하는 데 중요한 역할을 하고 있다.

이 새로운 기후 외교라는 접근 방식과 신뢰성 회복을 위해 중남미 개별 국가들은 기후위기에 대응하기 위한 다양한 정책, 기술 그리고 금융적 노력은 물론 경제 발전 노력을 동시에 하고 있다. 이러한 노력은 일종의 중남미형 그린뉴딜의 가능성을 열어 놓는다. 경제 발전만을 위한 환경 법규, 기후 정책을 약화시키거나, 청정에너지원이 아닌 화석연료를 선호하지는 않는다. 최근 칠레의 탄소세 승인은 이 국가들의 정책 결정자들이 점점 더 그린뉴딜을 잘 이해하고 있음을 보여 준다. 그린뉴딜을 향한 분명한 지표는 정부가 1인당 소득을 동시에 늘리고 1인당 탄소 배출량을 줄일 수 있는 능력을 제도와 정책을 통해 어떻게 실현할지에 달려 있다. 물론 기후위기 극복을 위한 중남미 국가들의 노력들 중 가장 큰 변화는 2015년 파리 기후협정에 참여해 각각 지구 평균 온도를 산업화 이전 수준과 비교해 2도 이하로, 그리고 가능한 한 1.5도에 가깝게 상승을 막는 국제 사회의 노력에 대한 기후 외교적 합의에 다다른 것이다.

특히 온실가스 배출을 낮추기 위해 중남미 개별 국가들은 '자발적인 국가 감축 목표(Nationally Determined Contributions, 이하 NDCs)'를 중장기 국가 전략으로 설정한 후에 이를 달성하기 위한 많은 공공정책 변화를 주었으며 특히 정부 단독의 노력보다는 시장 메커니즘과 사적 부문 참여를 독려해 공공-민간 파트너십(Public-Private Partnership, PPP)을 활용한 대응 정책들이 마련되었다. 예를 들어 경제적 투자와 기후 금융 측면에서 보면, 환경 친화적인 저탄소 사회로의 전환을 위해 탄소 저감 기술, 전통적 화석연료를 대체하는 (신)재생에너지 개발과 이용 강화(에너지 대전환), 그리고 환경 시장에 민간 자본뿐만 아니라 해외 자본의 직간접적 투자를 빠르게 허용해 왔다. 이러한 민간의 참여를 유도하기 위해 최근 중남미 정부들은 환경법을 대폭 개정해 다양한 생활 환경 오염(대기, 오폐수, 수질, 쓰레기 등)에 대한 처리 비용도 정부가 단독으로 책임지고 있지 않다. 이산화탄소 및 오염물 배출 그 자체를 일종의 공익을 해치는 행위로 간주하기 시작했다. 이로 인해 발생하는 사회적 비용을 오염자인 개인 혹은 기업이 부과하도록 정책적 전환이 이루어지고 있다(오염자 부담 원칙). 예를 들어 탄소세 도입은 그 대표적인 사례이다.[2]

---

2) 기후 분야 공공정책에서 가장 현저하게 논쟁되는 이슈에는 '탄소세' 도입, 에너지와 전력 이용에 정부 보조금 지급 유무의 문제, 그리고 무역 및 금융 투자와 연계한 탄소배출거래제(ETS) 도입 등이 포함된다.

## 2 브라질의 아마존 열대우림 개발과 보존의 딜레마

'아마존은 개인 국가의 영토적 자산인가, 인류의 공통적 자산인가?'라는 문제는 아마존 산림 파괴가 본격적으로 시작된 1970년대부터 지금까지 끊임없이 제기되어 왔다. 많은 글로벌 환경시민들은 지구 전체 산소의 약 20%를 생성하고, 담수의 약 15%를 함유하고 있는 세계 최대 열대우림인 아마존을 특정 국가의 자원이라기보다 인류의 공유 자원으로 여겨 왔으며, 이에 따라 개별 국가, 비영리 단체, 혹은 국제 기구의 형태로 꾸준한 개입을 이어 왔다. 하지만 엄밀히 말하면, 9개의 남미 국가에 걸쳐 형성되어 있는 아마존은 한 국가의 지리적 영토에 포함된 국가의 자원이다. 이중에서도 브라질은 전체 아마존의 60% 이상을 차지하는 주요 국가로, 영토에 속한 아마존 지역을 개발 및 보존할 수 있는 권리를 가진다. 브라질의 많은 지역 중에서도 특히 아마존 지역은 풍부한 자원으로 인해 국내 최대 산업 중 하나인 농목축업과 원유, 광산 개발 등에 있어 가장 큰 잠재력을 가진 핵심 지역이다. 이에 따라, 아마존은 지구 환경에서 없어서는 안될 청정 지역인 동시에 브라질에게는 경제 발전의 큰 동력이자 가장 매력적인 기회인 셈이다.

아마존의 높은 경제적 성장 잠재력에도 불구하고 브라질은 식민 해방 이후부터 아마존의 개발보다는 보존에 목적을 둔 정책을 실행해 왔다. 특히 군부 정치 시기(1964-1985)에는 정부가 아마존 지역의 자원에 대한 소유권을 강력하게 주장하던 시기임에도 불구하고, 1965년 산림법을 통해 아마존 지역을 법적 보존 지역으로 지정했다. 2012년에 산림법이 개정되기 이전까지, 아마존 열대우림에 거주하거나 토지 일부를 소유한 사람들은 해당 법안에 따라 의무적으로 80%의 산림을 보호해야 했다. 또한 1988년 헌법은 아마존의 생태계가 국가의 전통적인 자산이므로 자연자원과 환경이 보존되고 생태적인 기능이 유지되는 방법으로만 이용할 수 있다고 명시함으로써 브라질의 아마존 정책의 방향을 분명히 했다(장수환, 2012). 게다가 2009년 12월, 브라질 의회는 아마존의 벌채를 80% 감소함으로써 온실가스 배출을 감축하는 내용의 '기후변화에 관한 국가정책(Política Nacional sobre Mudança do Clima, 이하 PNMC)'을 제정 및 발표한 바 있다. 브라질은 아마존 보존을 위해 국제 사회에서도 적극적인 활동을 보였는데, 특히 제15차 기후변화협약 당사국총회에서 합의된 코펜하겐 합의문에 따라 '산림 감소 및 파괴 방지를 위한 온실가스 감축 프로그램(REDD+)'을 국가적 차원에서 실행한 점은 기후위기 극복을 위한 중요한 일보라는 평가이다.[3]

이처럼 브라질은 아마존 지역의 보존을 위해 국내외적으로 적극적인 정책을 펼쳐 왔음을 볼 수 있다. 아마존은 브라질의 주요 산업인 농목축업과 자원 개발에 있어 큰 성장 잠재력을 가진, 가장 매력적인 경제 개발 지역이다. 이에 따라 역대 정부들은 항상 아마존 지역 보호와 개발 정책 사이에서 딜레마를 경험하곤 했다. 즉, 아마존이 가진 풍부한 자원들을 통해 얻을 수 있는 경제적 이득을 어느 정도 포기하면서 보존 우선 정책이 나은 선택인가, 아니면 경제 개발이 먼저인가 하는 딜레마이다.

중남미, 남미의 맹주국인 브라질은 자국이 소유한 자원의 이용과 산업

---

3) 유엔의 REDD+ 프로그램은 산림 파괴를 규제한 기존의 REDD 프로그램을 발전한 정책으로 지속가능한 산림의 관리 개념까지 포함한다는 점에서 좀 더 강도 높은 산림 보존 정책이라고 볼 수 있다.

진흥을 통한 경제 발전을 도모하고 있다. 전통적인 시각에서 브라질의 아마존 보존 노력은 산림이 보유하는 엄청난 자원을 활용하지 못한다는 점에서 국가적 손실을 유발한다. 그러나 역사적으로 보면 브라질은 독립 이후부터 아마존에 대한 개발보다는 보존을 우선시하는 정책을 꾸준히 펼쳐 왔다. 이는 안보나 경제 분야에서의 이익 창출보다는 환경 보존이라는 명목하에 이루어진 정책이므로 국제정치론에서 군사력과 경제력으로 대표되는 하드파워, 즉 전통적인 국력의 개념으로는 설명하기 어렵다. 하지만 조지프 나이(Joseph Nye)가 주장하는 소프트파워의 접근 방식으로는 브라질의 기후 외교 의도에 대한 이해가 가능해 보인다. 조지프 나이의 소프트파워 개념에 의하면 국가는 가치와 정의에 기반한 정책과 제도를 마련함으로써 국제 사회에서 긍정적인 이미지를 만들 수 있으며, 다른 국가들로부터 지지를 받을 수 있다. 그뿐만 아니라 이러한 지지와 인정을 바탕으로 국제 정치 무대에서 의제를 설정할 수 있는 능력을 가지며, 국제 사회의 도움을 받아 자국의 정책을 시행할 수 있는 이득을 얻는다. 브라질의 경우, 독립 이후부터 환경 보존이라는 가치를 내세우고 그 가치를 제도에 도입함으로써 정책 기반을 세웠으며, 국내외에서 적극적인 정책을 펼침으로써 환경 보존이라는 책임감을 수행했다고 볼 수 있다. 다시 말해, 브라질은 아마존 정책을 통해 개발을 통한 경제 이익 추구보다는 환경 보존이라는 가치를 내세움으로써 국제 환경 레짐에서 소프트파워를 행사하는 전략을 선택했던 것이다.

그렇다면 아마존 보존 전략을 통해 브라질은 국제 정치에서 소프트파워를 행사하는 데 성공했을까? 소프트파워가 적절하게 행사되었는지의 여부는 크게 두 가지 결과를 통해 볼 수 있다. 먼저 국가가 정당성과 도덕성에 기반을 두고 정책을 시행했을 때, 국제 사회에서 그 가치를 인정받고 나아가 관련 의제를 설정할 수 있는 힘을 가지게 된다면, 그 국가는 국제 사회에서 소프트파워를 행사하고 있는 것이다. 또한 다른 국가들이 그의 가치 체계를 존중하고 관련된 정책 행사에 도움을 준다면 소프트파워를 행사했다고 볼 수 있다. 이러한 관점에서, 브라질이 지구의 생태계를 대표하는 아마존 지역을 보존함으로써 소프트파워 행사에 참여하고 있다고 분석 가능하다. 첫 번째 근거로는 국제 환경 레짐에서 브라질의 권위와 위상이 높아진 점을 들 수 있다. 전 세계 생태계의 3분의 1을 구성하는 생태계의 보고인 아마존을 보존하려는 브라질의 국내외적 노력이 여러 국가와 친환경 단체로부터 긍정적인 평가를 받게 되면서 브라질은 높은 수준의 인정과 명성을 얻었다.

이러한 국제 사회에서의 인정과 위상은 브라질이 국제 환경 레짐에서 지역뿐 아니라 전 세계적으로도 강한 리더십을 발휘할 수 있었던 기반이 되었다. 브라질은 유엔기후변화협약(UNFCCC)의 회원국이자 교토의정서 및 파리의정서의 서명국으로서 오늘날 기후변화에 대응하는 국제 사회의 주요 회원국으로 크게 활약하고 있다. 특히, 교토의정서의 결과로서 설립된 브라질의 PNMC는 오늘날 국제법 시행에 중요한 가이드라인 역할을 하고 있다.[4] 국제 환경 레짐에서의 위상과 리더십을 바탕으로 브라질은 또한 1992년 리우 회의(Rio Summit)를 시작으로 기후변화협약 회의에서 관련 의제를 제안 및 설정해 왔다. 특히 2009년에 코펜하겐에서 개최된 기후협약 당사국총회에서 브라질은 많은 대표를 파견하여 선진국들에게 개

---

4) https://faolex.fao.org/docs/pdf/bra93834.pdf 참고.

발도상국에 대한 '생태적 부채(ecological debt)'를 요구하기도 했다.[5] 국제 환경 레짐에서 브라질의 이와 같은 주장은 과거 선진국들이 저지른 잘못에 대한 반성을 촉구하고 현재 환경 보존을 위해 선진국들이 적극적으로 노력해야 함을 강력하게 피력했다는 점에서 의미가 깊다. 따라서 브라질은 계속된 아마존 보존 정책 시행을 통해 국가 행위에 정당성과 가치를 부여하고, 이러한 가치와 노력을 인정받아 국제 환경 레짐에서 의제를 설정하는 능력을 가지게 되었으므로 기후 외교에서 소프트파워를 충분히 행사했다고 볼 수 있다.

브라질의 소프트파워 행사에 대한 두 번째 근거로는 아마존 기금의 조성을 들 수 있다. 2009년에 만들어진 아마존 기금은 열대우림의 파괴를 감시하고 피해 지역을 복구 및 지원하기 위한 목적으로 조성된 국제 기금이다. 이는 브라질의 아마존 보존 사업을 위해 타국이 자발적으로 보조하는 시스템으로, 기금이 조성되었던 2008년부터 2019년 현재까지 13억 달러(약 1조 5,200억 원) 정도가 조성되었으며, 최대 기여국인 독일과 노르웨이는 각각 3,000만 유로(약 404억 원)와 1억 5,500만 헤알(약 480억 원)을 새로운 기부금으로 계획한 바 있다. 아마존 기금의 관리 및 운용은 브라질 국영 경제사회개발은행(BNDES)이 맡고 있으며, 그동안 아마존 열대우림의 파괴 감시, 복구와 지속가능한 개발, 과학기술 등에 재원이 투입되었다. 특히 아마존 기금의 일부는 브라질의 국립우주연구소(Instituto Nacional de Pesquisas Espaciais, 이하 INPE)에 투자되어 아마존 연구를 연구소의 최우선 과제로 진행되도록 추진했다. 아마존 기금의 효과로는 기금이 조성

---

5) 정경원 외, 2019 인용.

된 2009년부터 2017년까지 산림 황폐화의 비율이 11% 감소했다는 점과 아마존 지역이 국가 전체 GDP에서 차지하는 비중이 크게 증가했다는 점을 들 수 있다. 이와 같은 지원 기금의 형성과 올바른 운영은 전 세계 국가들이 아마존을 모두가 지켜야 할 공유 자원이라고 인식한다는 점과 그 보존에 있어 선진국들의 적극적인 참여를 잘 보여 준다. 동시에, 아마존 기금을 통한 재정적 지원은 브라질의 산림 보호라는 가치 체계를 존중하고 관련된 정책 행사에 도움을 주는 행위이기 때문에 브라질의 소프트파워가 행사되었다고 볼 수 있다.

조지프 나이의 기후 외교에서 소프트파워는 전통적으로 통용되던 하드파워 개념의 한계를 극복하고 21세기 급변하는 국제 정치를 더 효과적으로 분석할 수 있다는 점에서 큰 의의를 갖는다. 하지만 하드파워를 갖추지 못한 나라가 어떻게 소프트파워를 창출할 수 있는지에 대한 세간의 비판도 존재한다. 빈곤과 사회적 불평등을 해결하고 경제 발전을 위한 노력이 우선시되는 브라질 같은 국가들이 소프트파워보다는 하드파워, 특히 국가 경제력을 향상시키는 데 우선적인 목표를 둘 것이라는 점이다. 보우소나루 정권의 아마존 개발 정책 또한 이러한 관점으로 설명될 수 있다. 이는 최근 경기 둔화로 인한 재정 적자와 부채 증가로 인해 국제 신용 등급이 하락하면서, 브라질이 국제 사회에서 힘과 신뢰를 잃게 됨에 기인한다. 이처럼 브라질이 국가 경제력 향상을 가장 중요한 국력의 요소로 여기면서, 그동안 브라질이 행사해 오던 소프트파워의 효과가 무색해질 위기에 처했다.

하드파워를 바탕으로 하지 않은 소프트파워는 없다는 세간의 지적에 대응하여 조지프 나이는 스마트파워라는 개념을 새로 도입했다. 스마트파워란 하드파워와 소프트파워를 잘 조합하여 성공적인 전략을 도출하는 외교적 테크닉이다. 따라서 하드파워와 소프트파워 양자의 관계를 대체 관계가 아닌 보완 관계로서 작용하는 것을 볼 수 있다(Nye, 2009). 이러한 맥락에서 브라질의 아마존 정책 또한 보존과 개발의 적절한 균형, 즉 하드 파워와 소프트파워가 균형을 이루는 스마트파워의 추구가 필요한 시점이 다. 다시 말해, 지구 생태계의 3분의 1을 차지하는 이 거대한 열대우림을 대상으로 브라질은 기후위기에서 벗어나야 하며 이를 위해 환경을 보호 하고 동시에 중장기적 경제 발전을 달성하는, 즉 지속가능한 발전을 추구 해야 한다. 이는 현재 2020년 코로나19 바이러스 등 보건 위기와 경제 침 체에도 불구하고 브라질이 하드파워와 소프트파워를 적절히 추구하는 스 마트파워를 아마존 지역에서 추구해야 하는 이유이며, 이에 대한 글로벌 환경시민들의 지속적인 관심 또한 필요한 이유이다.

## 3 기후 회복력 강화를 위한 다양한 공공정책 실험

〈그림 1〉은 2015년 기준 중남미 국가들의 온실가스 배출량 시나리오 분석이다. 중남미 지역의 경우 온실가스 배출량 감축을 위한 정부 및 민간 차원의 대응 조치 혹은 회복력 노력을 하지 않는 경우, 예상되는 2030년도 배출량은 현재(2015년 온실가스 배출 전망치 기준) $3.9GtCO_2e$보다 훨씬 증 가한 $4.7GtCO_2e$까지 예상되고 있다. 물론 〈그림 1〉에서 보듯이 가장 많 은 배출량 시나리오 밑으로 4.1, 3.6, 3.2, $2.3GtCO_2e$ 등 다양한 배출량 시 나리오가 있지만 구간을 낮추기 위해서는 개별 국가마다 혹독한 감축 노

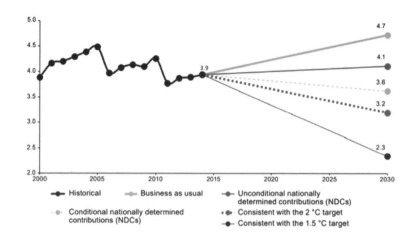

〈그림 1〉・중남미 탄소 배출량 감축 시나리오: 2014-2030(단위: Gigatons of CO$_2$ equivalent; GtCO$_2$e).

출처: Bárcena, et al., 2020: 231 인용; 하상섭, 2020: 2 재인용.[6]

력을 기울여야 한다. 특히 많은 중남미 국가가 국제 사회에 약속한 2030년 1.5도에 가깝게 기후 온도를 유지하기 위해서는 가장 낮은 배출량 시나리오인 2.3GtCO$_2$e 배출량을 유지해야 하는데 이를 위해서는 감축 배출량 원년인 2015년보다 1.6GtCO$_2$e을 더 감축해야 하는 막대한 경제, 사회적 부담을 감내해야 한다.

다양한 환경 오염원 및 온실가스인 이산화탄소 배출은 모든 시민에게 환경적 피해를 가져다주고 있다. 정부의 강한 규제를 통해 오염원과 배출을 줄이려는 노력은 이제 새로운 방식으로 발전해 오고 있다. 울리히 벡 (Ulrich Beck)이 그의 저서 『위험 사회』에서 "빈곤은 위계적이지만 스모그

---

6) 하상섭(2020), 「중남미 기후변화 대응 관련 공공정책 도입과 한계 분석」, http://energia.mofa.go.kr/WZ/WZ_204/resources/webzine2020_4.pdf

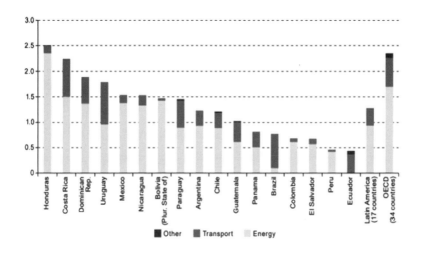

〈그림 2〉 • 중남미 환경 관련 세제 발전: 2016년(단위: GDP의 %).

출처: Bárcena, et al., 2020: 231 인용; 하상섭, 2020: 2 재인용.

는 민주적이다(poverty is hierarchic, while smog is democratic)"라고 표현했듯이 빈부 격차나 계층은 있지만 현대 사회의 환경 혹은 기후 위험은 빈부나 계층 그리고 지역에 관계없이 평등하게 영향을 미치고 있다. 탄소 배출 증가와 이에 대한 위험성 증가에 대한 대처 방안에서 특히 오늘날 공공과 민간 사이 공동체적 합의는 이에 대한 징벌적 손해 배상 혹은 오염자(소비자) 부담 원칙에 입각한 방식, 다시 말해 소비 시장 메커니즘을 활용해 세금을 부과하는 방식의 도입이었다. 중남미 개별 국가들도 환경세 및 탄소세라는 새로운 제도를 도입해 운영 중이다. 환경세 혹은 일명 탄소세라고 불리는 세금은 배출되는 탄소량에 할당된 비용이며, 탄소 배출에 참여하는 공급자와 수요자의 행동을 규제하기 위해 강한 규제 차원에서 세금이 부과되고 있다. 환경 오염에 대한 부작용을 비용으로 환산해 오늘날 생산과 소비 패턴을 친환경적으로 바꾸어 특히 저탄소 경제 및 사회로의 전환이라는 지속가능한 발전을 목표로 하고 있다.

자동차 연료 주입 시 부과하는 연료세는 중남미 개별 국가들이 시장에 부과해 온 세금들 중 가장 중요하다. 자동차 연료세를 부과해 재정을 확충하는 한편, 동시에 석유, 가솔린, 천연가스 등 화석연료의 과다 소비를 억제하는 효과가 있다. 물론 화석연료 소비가 낮아지면서 간접적으로 탄소 배출도 감소하는 효과뿐 아니라 도로에서 교통 지체 현상을 줄이는 등 다양한 복합적인 정책 효과가 있다. 일반 도로에서 자동차의 운행 증가와 화석연료 소비의 증가 현상은 중남미 지역 대부분 대도시에서 많은 대기 오염을 발생시키는 한편, 중요한 이동 오염원의 원인으로 작용하고 있다. 이산화황과 질소산화물 등 (초)미세먼지 증가 및 열악한 대기질은 중남미 도시민들의 건강뿐 아니라 헌법으로 보장한 시민 환경권을 심각하게 침해하고 있다. 이러한 복잡한 문제를 해결하기 위해 중남미 정부들은 자동차 및 연료에 세금을 부과해 오염을 해결하기 위한 정책적 수단으로 활용하고 있다. 〈그림 2〉의 2016년 통계에서 보듯이, 17개 중남미 국가가 특히 에너지와 관련해 부과된 세금의 평균치가 OECD 국가들에 비해 비중은 적지만 GDP의 1%를 넘어가는 수치를 보이기 시작했다(멕시코, 볼리비아, 니카라과, 코스타리카 등, 특히 2020년 현재 멕시코는 석유 가솔린에 탄소세를 부과하지만 천연가스에는 아직 적용을 안 하고 있다). 더 나아가 화석연료 이용에 직접 부과하는 탄소세도 도입되었다.[7] 탄소 배출 저감을 위해 석유, 석

---

7) 2019년 국제통화기금(IMF)은 탄소 1톤당 2달러씩 징수하는 탄소세를 2030년까지 1톤당 75달러(약 9만 원) 수준까지 높여야 한다고 주장했다. 이미 유럽 등 국제 사회에서는 탄소세 도입을 적극적으로 추진하고 있으며 중남미의 멕시코, 아르헨티나, 칠레, 콜롬비아

탄, 천연가스 등 주요 화석연료 및 탄소 함유를 기준으로 부과하는 세금으로 탄소 배출량을 감축함과 동시에 경제적 효율을 증진하기 위한 방안으로 최근(예를 들어, 멕시코의 경우 2014년) 도입되고 있다.

〈표 2〉 중남미 국가들의 탄소세 도입과 법제: 2018년 이후

| 국가 | 부과 영역 | 도입 연도 | 기준 세율 (tCO2eq 당 달러) |
|------|-----------|-----------|---------------------------|
| 아르헨티나 | 바이오연료 제외한 모든 연료 매매 및 구매 | 2018 | 1-10 (2019-2028) |
| 콜롬비아 | 전기 생산을 위한 석탄이나 천연가스를 제외한 모든 화석연료 매매 혹은 구매 | 2017 | 5 |
| 칠레 | 보일러 혹은 터빈(>50 MW)의 탄소 배출 바이오매스를 제외한 모든 화석연료 | 2017 | 5 |
| 멕시코 | 천연가스를 제외한 모든 화석연료 매매 및 구매 | 2014 | 1-4 |

출처: Bárcena, et al., 2020: 259 인용; 하상섭, 2020: 2 선별 재인용.

또 다른 주요 정책으로 등장한 것은 정부 보조금 철폐이다. 중남미 정부들은 구조적 경제 문제인 인플레이션을 막기 위해 혹은 물가의 안정적 관리 수단으로 중산층, 서민들 그리고 빈곤 계층들에 다양한 유형의 정부 보조금을 지급해 왔다. 중남미 포퓰리즘(인기 영합주의) 논쟁의 중심에 있었던 다양한 유형의 정부 보조금은 기본적으로 에너지 소비의 증가는 물

---

등도 탄소세를 도입했다. 우리나라는 2020년 11월 그린뉴딜 정책 이행 차원에서 향후 도입에 대해 논의했다.

론, 이로 인한 탄소 배출에 막대한 영향을 미치고 있었다. 하지만 21세기 들어 기후위기 그리고 지속가능한 발전 실현을 위해 많은 정책 전문가가 중남미 정부들에게 정부 보조금, 특히 에너지 보조금의 빠른 폐지를 권고하고 있다. 물론 보조금을 폐지하는 대신에 화석연료 소비 감소에 맞는 대안적 옵션들, 예를 들어 대중적 공공 교통 시스템의 개선을 통한 시민들의 교통 복지 증진, 재생 가능한 에너지원(태양력, 풍력 등) 기반 전력 공급 시스템으로의 빠른 전환 등이 동시에 발전해야 하며, 특히 에너지 자원이 풍부한 국가들에서 에너지 가격은 반드시 탈정치화해야 한다고(에너지를 활용한 정치적 지지 및 부패 문제 일소) 제언하고 있다.

## 4 기후 회복력 강화를 위한 다양한 사회 인프라 개선

중남미 지역의 모든 정책 결정자와 경제 비즈니스 리더는 기후위기를 인식하고 기후 회복력을 위해 가장 필요한 공공정책 우선순위로 사회적 인프라 개선에 합의하고 있다. 특히 새로 집권하는 중남미 정부들 그리고 기업인들은 공공-사적 파트너십을 통해 그들의 환경 정책, 환경 산업, 특히 다양한 분야의 환경 오염을 개선하는 데에 공공 인프라 개선을 우선적으로 공약해 내면서 유권자와 주주들의 요구에 부합하는 정책을 개발 중이다. 첫 번째 우선순위로, 국가 또는 지역에서 예상되는 기후위기 범위에 대한 이해를 높이고 이를 산업, 인간 정착지 및 인프라에 연계한 정책을 만들고 있다. 많은 중남미 국가에게 기후위기는 이미 잘 알려진 사실이지만 해결 방안은 여전히 미지수이기 때문이다. 다시 말해서 의사 결정자들은 기후위기가 발생하고 있음을 인식하고 있지만 위기의 속도가 얼마나 빠르거나 얼마나 심각한지는 정확히 알지 못하기 때문이다. 이것은 기후과학자들이 말하는 '경로', '시나리오', '범위' 및 '가능성' 등의 용어들로 등장해 있다. 변수는 복잡하며 지역 및 지역 요인의 영향을 받기도 한다. 따라서 기후위기 연구에서 지역 연구는 오늘날 중남미 기후과학자들에게 필수적이다. 기후 회복력 개선을 위한 구체적인 우선순위는 물론 국가마다 다르지만 모든 국가가 기후 회복력을 개선하기 위해 취해야 하는 다음과 같은 세 가지 유형을 많은 중남미 기후 전문가들은 권고하고 있다.

### (1) 인프라 표준에 기후 회복력 구축

전 세계 사회적 인프라 대부분이 이미 수십 년 된 역사와 오래된 방식을 사용하여 구축되고 있으며 새로운 기후위기에 대처하기 위해 업그레이드가 필요하다. 중남미 지역도 사회 인프라 개선이 절박하다. 2016-2020년 4년 동안 중남미에 건설된 인프라의 양은 유엔 산하 라틴아메리카경제위원회(CEPAL)가 분석하고 있듯이 매년 GDP의 6.2 %(약 3,200억 달러)가 인프라에 투자되어야 한다고 권고되었다. 기후위기에 대해 탄력적으로 대응하기 위해 현존 인프라에 대한 새로운 보강 설계 필요성은 물론, 인프라가 구축되지 않은 경우는 새로운 인프라가 요구되기 때문이다. 의료 및 교육과 같은 다른 개발 우선순위의 자금과도 연계해야 하며 특히 초기 비용 프리미엄이 너무 높아 인프라를 더 높은 표준으로 바로 구축할 수 없는 경우에도 설게 사양에는 반드시 기후 회복력을 구축해야 한다. 물론 그린뉴딜 정책이 제안하고 있는 다양한 스마트 설계(건축)는 초기 비용을 낮추는 모듈식 접근 방식 또는 단계적 구성을 가능하게 할 것이며, 인프라 수명 보존을 위한 추가적인 보강 계획이 추가되어야 한다.

## (2) 구조적 취약성 감소

2016년 금융 평가 기관 무디스(Moody's)는 기후변화가 국가의 부채 상환 능력에 어떤 영향을 미칠 수 있는지에 대한 보고서를 발간한 바가 있다. 보고서의 핵심은 전 세계 모든 국가는 기후위기의 물리적 영향에 노출되어 있지만, 경제 규모에 있어 더 크고 다양한 경제를 가진 국가들은 이러한 기후위기에 크게 노출된 부문(예를 들어 농업)에서 막대한 수입에 의존하거나 주요 운송 인프라(예를 들어 항만이나 철도 등)에 산업이 의존하거나, 특히 인구가 많은 국가는 기후위기에 대한 다각적 접근 전략이 우선시 되어야 한다고 분석하고 있다. 기후위기에 노출된 국가, 지역, 인구일수록 경우에 따라 해결책은 '중복성'을 구축하는 것이다. 예를 들어, 전력 대체 공급망, 2차 용량 및 에너지, 인간 생존에 필수적인 물 또는 운송 인프라가 중단될 경우, 백업 계획이 절실하다고 주장한다. 이러한 중복성, 백업 인프라는 물론 정부 단독으로 힘들며 많은 사적 기업이 글로벌 공급망에서 취약점을 관리하는 방법에 대해서도 공동으로 참여는 물론 정부와 공동 투자하여 기후위기 회복력을 향상시킬 것을 제안하고 있다.

## (3) 혁신적인 금융 모델 탐색

보다 탄력적인 방법으로 인프라 개선을 위한 추가적인 차원에서 초기 비용을 조달하는 것은 어렵지만 새로운 '혼합' 금융 모델이 도움이 된다. 예를 들어, 다자간개발은행(Multilateral Development Banks, MDBs)은 대출 포트폴리오의 전반적인 위험 프로필을 높이지 않고 특정 지역에 대한 기후위기 대응 인프라 투자를 늘릴 수 있도록 대출 스왑이 요구된다. 올바른 분석을 통해 보험사는 기후 회복력이 뛰어난 인프라에 대한 프리미엄 절감을 제공할 수도 있다. 절감액은 추가 선불 비용을 충당하는 다자개발은행(MDBs)에서 대출금을 상환하는 데 사용할 수 있다. 기후위기는 식량 안보, 에너지 안보, 위생 및 건강에서 고용 조건 및 가용성, 개인 이동성 및 재산 가치에 이르기까지 다양한 방식으로 지속가능한 개발 계획과 사람들의 삶의 질에 영향을 미칠 수 있다. 회복력을 개선하면 이러한 영향을 줄이는 데 도움이 된다.

## 1장 생태비평의 정신과 몇 가지 주제들

강금실(2021), 『지구를 위한 변론』, 김영사.

김영민(1998), 『문화(文化), 문화(文禍), 문화(紋和)』, 동녘.

신정환(2000), 「보르헤스와 장자의 형이상학적 환상문학 연구: 「원형의 폐허」와 「호접몽(胡蝶夢)」을 중심으로」, 『서어서문연구』 제17호, 655-672.

신정환(2012), 「탈식민주의 생태비평과 라틴아메리카 문학」, 『외국문학연구』 제47호, 79-97.

신정환(2015), 「한 송이 들꽃에서 천국을 보다: 생태학자와 시인」, 정경원 외, 『라틴아메리카 환경이슈와 국제협력』, 한국외국어대학교 지식출판원, 315-319.

장자(莊子)(2012), 『장자: 내편』, 김창환 옮김, 을유문화사.

정내권(2022), 『기후담판』, 메디치미디어.

최재천(2005), 「옮긴이 서문: 설명한다, 그러므로 나는 존재한다」, 에드워드 윌슨, 『통섭: 지식의 대통합』, 최재천·장대익 옮김, 사이언스북스, 7-23.

Adorno, Theodor W. & Max Horkheimer(1944), *Dialektik der Aufklärung*[『계몽의 변증법』, 김유동 옮김, 문학과지성사, 2001].

Bateson, Gregory(1972), *Steps to an ecology of mind*[『마음의 생태학』, 박대식 옮김, 책세상, 2006].

Berry, Thomas(1999), *The Great Work*[『토마스 베리의 위대한 과업』, 이영숙 옮김, 대화문화아카데미, 2009].

Borges, Jorge Luis(1944), *Ficciones*[『픽션들』, 황병하 옮김, 민음사, 1994].

De Beauvoir, Simone(1949), *The Second Sex*[『제2의 성』, 윤영내 옮김, 자유문학사, 1977].

Dussel, Enrique(1992), *1492 el encubrimiento del otro: hacia el origen del "mito de la modernidad"*[『1492년 타자의 은폐: '근대성 신화'의 기원을 찾아서』, 박병규 옮김, 그린비, 2011].

Guillén, Nicolás(1974), *Obra Poética 1920-1972*, Tomo I, La Habana, Editorial de Arte y Literatura.

Huggan, Graham & Helen Tiffin(2010), *Postcolonial Ecocriticism: Literature, Animas, Environment*, London: Routledge.

Meeker, Joseph W.(1997), *The Comedy of Survival*, University of Arizona Press.

Paz, Octavio(1990), *La otra voz*, Barcelona: Seix Barral.

Plato, *Timaios*[『티마이오스』, 박종현·김영균 옮김, 서광사, 2000].

Plumwood, Val(2002), *Environmental Culture: The Ecological Crisis of Reason*, London and New York: Routledge.

Rifkin, Jeremy(2022) *The Age of Resilience*[『회복력 시대』, 안진환 옮김, 민음사, 2022].

Roos, Bonnie & Alex Hunt(eds.)(2010), *Postcolonial Green: environmental politics & world narratives*, Charlottesville: Univ. of Virginia Press.

Sagan, Carl(1980), *Cosmos*[『코스모스』, 홍승수 옮김, 사이언스북스, 2004].

Warren, Karen J.(1994), *Ecological Feminism*, Routledge.

Wilson, Edward(1998), *Consilience: The Unity of Knowledge*[『통섭: 지식의 대통합』, 최재천·장대익 옮김, 사이언스북스, 2005].

## 2장 『소용돌이』에서 아마존 밀림과 인간의 삶을 읽는다

김동환(1996), 「생태학적 위기와 소설의 대응력」, 『실천문학』 가을호, 실천문학사.

김욱동(1998), 『문학 생태학을 위하여』, 민음사.

리베라, 에우스따시오 호세(2022), 『소용돌이』, 조구호 옮김, 문학과지성사.


Alzate, Carolina, Osorio, Betty y Restrepo, Beatriz(2014), *La escritura, ese lugar que me acompaña*, Bogotá: Universidad de los Andes.

Collazos, Oscar(el 23 de Ago. 2001), "La vorágine: El personaje y la selva", *El tiempo*, http://www.eltiempo.com/archivo/documento/MAM-468248

Fuentes, Carlos(1997), *Sobre la nueva novela hispanoamericana*, México: Joaquín Mortiz, 1969, en Lectura crítica de la literatura americana(Selección, prólogo y notas de Saul Sosnowski), Caracas: Biblioteca Ayacucho.

Goodbody, Axel(1998), *Literatur und Ökologie*, Amsterdam: Rodopi.

Meeker, Joseph W.(1974), *The Comedy of Survival: Studies in Literary Ecology*, New York: Charles Scribner's Sons.

N'drin, Ozoukouo Lea(2010), "Identificacion de los tipos humanos en La Voragine de Jose Eustasio Rivera", Université autonome de Barcelone, http://www.memoireonline.com/09/10/3921/Identificacion-de-los-tipos-humanos-en-La-Voragine-de-Jose-Eustasio-Rivera.html

Puentes, Juan Alberto Blanco(jul. 2012), "La vorágine de José Eustasio Rivera: remolino impetuoso de voces", *Cuadernos del CILHA* vol. 13 no. 1, Mendoza, http://www.scielo.org.ar/scielo.php?script=sci_arttext&pid=S1852-96152012000100003

Quiroga, Horacio(el 1 de enero de 1929), "El poeta de la selva: J. E. Rivera" en La Nacion, Buenos Aires.

Urbański, Edmund Stefan(1964), *Studies in Spanish American Literature and Civilization*, Western Illinois University.

# 3장 아스떼까 문명, 호수를 이용한 치남빠스 농사 이야기

정연미(2015), 「새로운 생태경제발전론의 비전 설정하기」, 『경상논총』 33(4), 67-88.

Adams, Richard E. W.(2005), *Prehistoric Mesoamerica*, Norman: University of Oklahoma Press.

Aguilar-Moreno, Manuel(2007), *Handbook to Life in the Aztec World*, Oxford: Oxford University Press.

Arco, Lee J. & Abrams, Elliot M.(2006), "An essay on energetics: the construction of the Aztec chinampa system", *Antiquity* 80, 906-918.

Bray, Warwick(1972), "The City State in Centra Mexico at the Time of the Spanish Conquest", *Journal of Latin American Studies*, Vol. 4, No. 2, 161-185.

Candiani, Vera S.(2014), *Dreaming of Dry Land: Environmental Transformation in Colonial Mexico City*, Redwood City: Stanford University Press.

Castree, Noel et al.(Eds.)(2009), *A Companion to Environmental Geography: Vulnerability and Resilience to Environmental Change*, Blackwell Publishing Ltd.

Cohen, Yehudi A. ed.(1974), *Man in Adaptation: The Cultural Present*, Piscataway: Aldine Transaction.

Cordova, Carlos(2018), *Geoarchaeology: The Human-Environmental Approach*, London: I.B. Tauris.

Doolittle, William E.(2011), *Canal Irrigation in Prehistoric Mexico: The Sequence of Technological Change*, University of Texas Press.

Godfrey, Brian J.(2010), *Urban Sustainability: Teaching at the Interface of Environmental and Urban Studies*, Ometeca XIV-XV, 274-293.

Gordon, Thomas Francis(1832), *The History of Ancient Mexico: From the Foundation of that Empire to Its Destruction by the Spaniards*, Philadelphia: Printed for and Published by the Author.

Headrick, Daniel R.(2019), *Humans Versus Nature: A Global Environmental History*, Oxford: Oxford University Press.

Korhonen, Jouni et al.(2018), "Circular Economy: The Concept and its Limitations", *Ecological Economics* 143, 37-46.

Lim, CJ(2017), *Inhabitable Infrastructures: Science fiction or urban future?*, Oxfordshire: Routledge.

Long, George(1841), *The Geography of America, and the West Indies*, London: Society for the diffusion of useful kowledge.

Morehart, Christopher T.(2012), "Mapping ancient chinampa landscapes in the Basin of Mexico: a remote sensing and GIS approach", *Journal of Archaeological Science* 39, 2541-2551.

Morehart, Christopher T. & Frederick, Charles(2014), "The chronology and collapse of pre-Aztec raised field agriculture in the northern Basin of Mexico", *Antiquity* 88, 531-548.

Morehart, Christopher T.(2016), "Chinampa Agriculture, Surplus Production, And Political Change At Xaltocan, Mexico", *Ancient Mesoamerica* 27, 183-196.

Mundy, Barbara E.(2015), *The Death of Aztec Tenochtitlan, the Life of Mexico City*, Austin: University of Texas Press.

Parsons, Jeffrey R. & Brumfiel, Elizabeth et al.(1982), *Prehispanic Settlement Patterns in the Southern Valley of Mexico: The Chalco-Xochimilco Region*, Michigan Publishing University of Michigan Press.

Pezzoli, Keith(2000), *Human Settlements and Planning for Ecological Sustainability: The Case of Mexico City*, London: MIT Press.

Poinsett, Joel Roberts(1824), *Notes on Mexico, Made in the Autumn of 1822: Accompanied by an Historical Sketch of the Revolution*, Philadelphia: H.C. Cary and I. Lea.

Rivera, J. Joel Carrillo & Guerrero, M. Adrian Ortega(2008), *Groundwater Flow Understanding: From Local to Regional Scale*, CRC Press.

Turcios, Ariel E. & Papenbrock, Jutta(2014), "Sustainable Treatment of Aquaculture Effluents—What Can We Learn from the Past for the Future?", *Sustainability*, No. 6, 836-856.

Ulijaszek, Stanley J. Mann, Neil & Elton, Sarah(2012), *Evolving Human Nutrition: Implications for Public Health*, Cambridge: Cambridge University Press.

Wilken, Gene C.(1990), *Good Farmers: Traditional Agricultural Resource Management in Mexico and Central America*, Oakland: University of California Press.

## 4장 빠차마마 이야기

단테(2007), 『신곡』, 박상진 옮김, 민음사.

박태현(2019), 「에콰도르 헌법상 자연의 권리, 그 이상과 현실」, 『환경법연구』, 41(2).

박호진(2011), 「중남미 고대문명과 환경—창세신화를 통해 본 중남미의 자연 재난」, 『중남미연구』, 30(2).

_____(2019), 『중남미 고대문명과 환경 II』, 박이정.


Eeckhout, Peter(2004), "Relatos míticos y prácticas rituales en Pachacamac", *Bulletin de l'Institut français d'études andines* [En línea], 33(1), DOI: https://doi.org/10.4000/bifea.5786.

Estermann, Josef(1988), *Filosofía Andina: Estudio Intercultural De La Sabiduría Autóctona Andina*, Quito: Abya Yala.

Fernández, María Celeste and Silva, Carolina Belén(2008), "Análisis Semiótico del gran dios andino", http://www.centro-de-semiotica.com.ar/FernandezSilva-DC08.pdf.

Gonzalez Miranda, Sergio(2004), "Mirando a la Pachamama: globalización y territorio en el Tarapacá Andino", *Revista de Geografía Norte Grande*, Vol.12.

Milla Villena, Carlos(1984), *Génesis de la cultura andina*, Lima: Fondo Editorial C.A.P.

Park, Ho Jin and Rodolfo Sánchez Garrafa(2022), "The Origin Myth of Sun and Moon in the Andean and Korean Traditions", *International Journal of Intangible Heritage*, vol.17, 71-83.

Pinasco, Alfio Carella(2019), *Pachacámac*, Lima: Uiversidad Ricardo Palma.

Yetter, Lynette(2017), "Virgin Mary/Pachamama Syncretism: The Divine Feminine in Early-Colonial Copacabana", *Western Tributaries*, Vol 4.


### 인용된 웹페이지

https://www.punomagico.com/

https://journals.openedition.org/bifea/5786

https://stdict.korean.go.kr/

https://es.wikipedia.org/wiki/Naturaleza

https://dictionary.cambridge.org/ko


## 5장 개발과 원주민 공동체

김달관·조영현(2012), 「에콰도르 원주민 사상과 세계관의 복원: 수막 카우사이(Sumak Kawsay)에 대한 이론적 고찰」, 『중남미연구』, 31(2), 127-160.

김윤경(2013), 「멕시코 원주민의 자치(autonimía)를 위한 운동: 사빠띠스따운동을 중심으로」, 『이베로아메리카연구』, 24(1), 133-171.

김희순(2011), 「커뮤니티 기반 생태관광의 연구: 멕시코 유카딴을 사례로」, 『이베로아메리카』, 22(1), 93-121.

로뻬스 아우스띤, 알프레도(2021), 『메소아메리카 전통의 꼬스모비시온: '우주와 신성'』, 조구호 외 옮김, 한울아카데미.

_____(2021), 『메소아메리카 전통의 꼬스모비시온: '신과 인간'』, 조구호 외 옮김, 한울아카데미.

윤병국·최승일(2011), 「새만금 관광 개발 영향요인과 지역주민 인식과의 관계」, 『관광·레저연구』, 23(6), 23-38.

주종택(2020), 「멕시코의 관광산업과 감정노동의 다차원성」, 『이베로아메리카』, 22(1), 73-109.

최해성(2021), 「신채굴주의 관점에서 본 라틴아메리카의 자원 개발과 환경문제: 파타고니아 셰일 개발과 원주민의 저항을 중심으로」, 『중남미연구』 40(2), 161-188.


Andersson, Rani-Henrik, Boyd Cothran and Saara Kekki ed.(2021), *Bridging Cultural Concepts of Nature Indigenous People and Protected Spaces of Nature*, Helsinki: Helsinki University Press.

Ascora, Hugo, Dickinson, Federico ed.(2020), *Culture, Environment and Health in the Yucatan Peninsular: A Human Ecology Perspective*, Cham: Springer.

Associated Press(2022, September. 7), "Mexico's Maya Train Project divides Maya people in its path", *The Washington Post*.

Balbuena Vázquez, Antonia & López Álvaro(2020), Residents' Attitudes Towards Sustainable Tourism in Cancun, *Journal of Tourism and Hospitality Management*, 7(1), 99-109.

Bridges, Levi(2022, January 24), "Mexico's Mayan Train: Will it hurt those it's meant to help?", *The Christian Science Monitor.*

Camargo, Blanca A. and Mario Vázquez-Maguirre(2021), "Humanism, dignity and indigenous justice: the Mayan Train megaproject, Mexico", *Journal of Sustainable Tourism*, 29, No. 2-3, 372-391.

Compendio Informativo(2021), *Los Rostros (No Tan) Ocultos Del Mal Llamado "Tren Maya"*, Colectivo Grieta.

Carrasco, David.(2014), *Religions of Mesoamerica*, Long Grove, Illinois: Waveland Press.

Gasparello, Giovanna, Núñz Rodríguez, Violeta R.(2021), *Pueblos y Territorios frente al Tren Maya: Escenarios sociales, económicos y culturales*, Oaxaca: Centro Intradisciplinar para la Investigación.

Green, Jared(2021), "Going Off the Rails on the Mayan Train: How AMLO's Development Projects is on a Fast Track to Multiple Violations of Indigenous Rights", *American University International Law Review*, 36(4).

Herlihy, Peter H., John H. Kelly, Andrew M. Hilburn, Aida Ramos Viera, Derek A. Smith, Miguel Aguilar-Robledo, and Jerome E. Dobson.(2022), "Losing Ground: Indigenous Territoriality and the Núcleo Agrario in Mexico", In Alexander C. Diener, and Joshua Hagen(Eds.), *Invisible Borders in a Bordered World: Power, Mobility, and Belonging*(pp. 144-175), London and New York: Routledge.

Hernández Yac, Emely.(2022), "Perceived Social and Environmental Impacts of the Maya Train Project on the Yucatan Peninsular of Mexico: A Case Study of Puerto Morelos M.A. Thesis", De Kalb: Northern Illinois University.

Javier Montaño Cruz, Francisco(2020), "Activist Resistance Against Mega-Projects in Yucatan: A Buen Vivir and Degrowth approach", M.A. of Science in Human Ecology, Lund University.

Jensen, Sally(2021, April 21), "Mexico's Mayan train suspension divides

Indigenous community", *Aljazeera*.

López, Eugenia(2020, Feb. 26), "Indigenous Communities Win First Battle Against AMLO's Mayan Train", *Avispa*.

Pérez Ortega, Rodrigo, Jaber, I. G.(2022, January 19), "A Controversial Train Heads for the Maya Rainforest", *Science*.

Rodríguez, Yazmín(2018, Noviembre 21), "Indigenous peoples of Yucatán protest against Mayan Train", *El Universal*.

Schmal, John P.(2019), *Indigenous Yucatán: The Center of the Mayan World*, ebook.

Scholes, France V. and Ralph L. Roys(1968), *The Maya Chontal Indians of Acalán-Tixchel: A Contribution to the History and Ethnography of the Yucatán*, Norman: Oklahoma University Press.

Silva, Jimena Caballero, María de la O Laura del Carmen Cuevas Cancino, and Toriz Mejia(2019), "Effects of the Mayan Train over the Mayan Jungle", *Ecology*, 1(2).

Soler, Gerard.(2021, March 18), "Tren Maya, the Mexican megaproject threatening the ecosystems of the Yucatán Peninsula", *Equal Times*.

Varnes, Theodore ed.(2018), *Yucatán Peninsular, Mexico: A Jurisdictional Approach to the Conserving Maya Forest*, Arlington: The Nature Conservancy.


인터넷 사이트

https://buybacalar.com/fonatur-asks-1000-hectares-to-ejido-of-bacalar-for-the-mayan-train/(검색일: 2022.10.20)

https://www.infobae.com/en/2022/03/31/the-mayan-train-progress-at-the-expense-of-the-environment/(검색일: 2022.10.20)

**6장 브라질 원주민 문제의 현재화와 생태시민성**

르페브르, 앙리(1994), 『일상생활의 사회학』, 한울아카데미.

우석균 엮음(2021), 『오르비스 테르티우스: 라틴아메리카 석학에게 듣는다』, 그린비.

Agência da Câmara dos Deputados, "Comissão aprova projeto que torna idioma indígena língua cooficial em municípios com aldeias", 11/12/2019, https://www.camara.leg.br/noticias/625266-comissao-aprova-projeto-que-torna-idioma-indigena-lingua-cooficial-em-municipios-com-aldeias/

Borges, Luis C.(1996), "O nheengatu: uma língua amazônica", *Papia*, Vol. 4, No. 2, 44-55.

Coelho, Mauro C.(2009), "Índios, negócios e comércio no contexto do Diretório dos Índios - Vale amazônico(1755-1798)", in: Moema B. Alves; Aldrin M. de Figueiredo, *Tesouros da memória: história e patrimônio no Grão-Pará. Belém: Ministério da Fazenda, Gerência Regional de Administração no Pará*, 45-58.

Cruz, Aline da(2011), *Fonologia e Gramática do Nheengatú: A língua geral falada pelos povos Baré, Warekena e Baniwa*, Netherlands Graduate School of Linguistics: LOT.

Diário Oficial da União, AM(2022), https://www.in.gov.br/servicos/diario-oficial-da-uniao

Fausto, Boris(2006), *História do Brasil*, São Paulo: Edusp.

Freire, José. R. B. and Luis C. Borges(2003), "Apresentação", in José R. B. Freire & M. C. Rosa(Orgs.), *Línguas Gerais: Política linguística e Catequese na América do Sul no período colonial*, Rio de Janeiro: EdUERJ, 7-10.

Freire, Paulo(2015), *Pedagogia do oprimido*, São Paulo: Paz & Terra.

FUNAI(2021), "UFSC aprova línguas indígenas como equivalentes a idioma estrangeiro para ingresso na pós-graduação", 29/10/2021, https://www.gov.br/funai/pt-br/assuntos/noticias/2021/ufsc-aprova-linguas-indigenas-como-equivalentes-a-idioma-estrangeiro-para-ingresso-na-pos-graduacao

Gadotti, Moacir(2001), "Pedagogia da terra: ecopedagogia e educação sustentável", *Paulo Freire y la agenda de la educacion latino-americana en el siglo XXI*, CLASCO, Buenos Aires, 81-122.

Garcia, Elisa F.(2007), "O projeto pombalino de imposição da língua portuguesa aos índios e a sua aplicação na América meridional", *Tempo*[online], Vol.

12, No. 23, 23-38

Gutiérrez, Francisco & Prado Cruz(2013), *Ecopedagogia e cidadania planetária*, São Paulo: Cortez.

G1(2006), "Município do Amazonas oficializa línguas indígenas," G1, https://g1.globo.com/Noticias/Brasil/0,,AA1346303-5598,00-MUNICIPIO+DO+AMAZONAS+OFICIALIZA+LINGUAS+INDIGENAS.html

G1(2021), "Línguas indígenas brasileiras podem ser utilizadas em smartphones Motorola", 25/03/2021, https://g1.globo.com/economia/tecnologia/noticia/2021/03/25/linguas-indigenas-brasileiras-kaingang-e-nheengat-podem-ser-utilizadas-em-smartphones-motorola.ghtml

IBGE(2021), https://www.ibge.gov.br/cidades-e-estados/am/sao-gabriel-da-cachoeira.html

Moreira Neto, C. de A.(1988), *Índios da Amazônia, de maioria à minoria(1750-1850)*, Petrópolis: Vozes.

Mundo Educação, "Cabanagem", https://mundoeducacao.uol.com.br/historiadobrasil/cabanagem.htm

Pereira, Jullie(2021), "Indígenas querem fundar a 1ª Academia da Língua Nheengatu", Amazonia Real, https://amazoniareal.com.br/academia-da-lingua-nheengatu/

Ribeiro, Darcy(2013), *Os índios e a civilização*, São Paulo: Global.

Ricci, Magda(2007), "Cabanagem, cidadania e identidade revolucionária: o problema do patriotismo na Amazônia entre 1835 e 1840", *Tempo*[online]. Vol. 11, No. 22, 5-30.

Senado Federal(2019), "Reconhecimento do Tupi-Guarani como Língua Oficial", IDEIA LEGISLATIVA, e-Cidadania, https://www12.senado.leg.br/ecidadania/visualizacaoideia?id=113708

이미정(2007), 「남미공동시장(Mercosul)과 지역화의 의미」, 『포르투갈-브라질연구』 4(1): 93-118.

＿＿＿(2010), 「브라질 인프라개발 사업이 국토통합에 주는 함의: 사회·경제 공간가치의 변형」, 『이베로아메리카』 12(2): 247-288.

＿＿＿(2011), 「룰라 정부의 인프라개혁과 한계: 철도인프라를 중심으로」, 『포르투갈-브라질 연구』, 8(1): 201-242.

＿＿＿(2015), 「브라질 산업과 글로벌 가치사슬(GVGs)과의 관계: 철강 산업에 대한 접근」, 『포르투갈-브라질 연구』, 12(1): 53-82.

＿＿＿(2021), 「산업 활동과 환경변이의 역학관계: 브라질 농업발달의 통시적 궤도에서」, 『중남미연구』 40(1): 207-244.

＿＿＿(2022), 「에너지 패러다임 전환 궤도: 브라질 전력산업 편입의 함의」, 『라틴아메리카연구』, 35(1): 1-32.

이미정 외(2014), 「남미인프라통합구상(IIRSA)의 추진 현황과 한국에 대한 시사점」, 『전략지역심층연구』 14-06, KIEP.

Lee, Mee-Joung(2012), "Uma Inserção Logística Brasileira: a partir da infraestrutura portuária", 『포르투갈-브라질 연구』, 9(1): 201-235.

Lee, Mee-Joung(2013), "Reforma Portuária do Brasil e da Coreia do Sul: uma evolução endógena ao novo paradigma global?", 『포르투갈-브라질 연구』, 10(2): 145-186.


ANTAQ(2011), "A Regulação do Transporte Aquaviário e da Exploração da Infraestrutura Portuária", 12° Fórum Portos Brasil, Ministério de Transportes. Maio.

ANTT(2022), "Cocessões Ferroviárias", https://www.gov.br/antt/pt-br/assuntos/ferrovias/concessoes-ferroviarias/rumo-malha-norte-s-a/mapa.

Beçak, Peggy(2000), *Mercosul: Uma Experiência de Integração Regional*, São Paulo: Contexto.

CFA(2013), "Plano Brasil de Infraestrutura Logística", PBLog Brasília/DF.

CNA(2020, July), "Panorama do Agro", Retrieved from: https://www.cnabrasil. org.br/cna/panorama-do-agro.

CNT(2011), "Movimentação Portuária", *Economia em Foco*, 31 de Maio.

Couto e Silva, G.(2003), *Geopolítica e poder*, Rio de Janeiro: UniverCidade.

David, Pierre & Stewart, Richard(2010), *Logística Internacional*, São Paulo: Cengage Learning.

DNIT(Departamento Nacional de Infraestrutura de Transportes), Histórico, Malha ferroviárua do Brasil, http://www.dnit.gov.br/ferrovias/historico.

Embrapa(2017, Devember 01), "Embrapa aposta na tecnologia digital para acelerar o desenvolvimento da cadeia produtiva do leite", Embrapa Brasília DF.

FIESP(2013), "O Program de Concessões", Reuniões de Conselho Superior de Infraestrutura, 12 de Setembro, São Paulo.

Fractal Engenharia,"O impacto das mudanças climáticas no setor elétrico brasileiro", https://www.fractaleng.com.br/mudancas-climaticas-no-setor-eletrico/

Freeman, Christopher & Perez, Carlota(1988), "Structural Crises of Adjustment, Business Cycles and Investment Behavior", in: Dosi, G. et al., *Technical Change and Economic Theory*, London: Pinter Publisher.

G1(2022.02.15.), "Privatização da Eletrobras: veja os próximos passos", https:// g1.globo.com/economia/noticia/2022/02/15/privatizacao-da-eletrobras-veja-os-proximos-passos.ghtml.

Instituto Acende Brasil(2022.01), "Transformações e inovações na Distribuição e Comercialização de Eletricidade", *White Paper* N° 27.

IBGE(2022), Diretoria de Geociências.

IPEA(2009), "Gargalos e Demandas da Infraestrutura Portuária e os Investimentos do PAC: Mapeamento IPEA de Obras Portuárias", Neto Carlos Alvares da Silva Campos Neto et al., *Texto Para Discussão*, No 1423. Outubro.

IPEA(2010), Trabsporte Ferroviário de Carga no Brasil: Gargalos e Perspectivas para o Desenvolvimento Econômico e Regional 17 de Maio de 2010.

IRENA(2022), "Latin America and the Carribbean", *Geographical Focus*, https://www.irena.org/lac.

Kume, Honorio & Piani, Guida(Out-Dez, 2005), "Mercosul: Dilema Entre União Aduaneira e Área de Livre-Comércio", *Economia Política*, vol. 25, No 4.

Mapfre, "A eletrificação da economia, desafio da transição energética", https://www.mapfreglobalrisks.com/pt-br/gerencia-riscos-seguros/

Marchetti, Dalmo dos Santos & Pastori, Antonio(Setembro, 2006), "Dimencionamento do Potencial de Investimentos para o Setor Portuário", *BNDES Setorial*, Rio de Janeiro, N.24, 3-34.

Nunes, Ivanil(2006), "Ferrovia Brasileira: Concessão Pública para Uso Privado", *Revista Gerenciais*, São Paulo, V.5, N.2

OECD iLibrary(2021), "Driving Performance at Brazil's Electricity Regulatory Agency", https://www.oecd-ilibrary.org/sites/24744f91-en/index.html?itemId=/content/component/24744f91-en#chapter-d1e5333.

Rettner, Henrique(2002), *Merscosul e Alca: O Futuro Incerto dos Países Sul-Americanos*, São Paulo: Edusp.

Rodrigues, P.(2003), *Introdução aos Sistemas de Transporte no Brasil e à logística Internacional*, São Paulo:Aduaneiras.

Saath, K. C. D. O., & Fachinello, A. L.(2018), "Crescimento da demanda mundial de alimentos e restrições do fator terra no Brasil", *Revista de Economia e Sociologia Rural*, 56(2),

Silva Junior, Roberto França(2007), "A Formação da Infra-Estrutura Ferroviária no Brasil e na Argentina", R. RA' E GA, Curitiba, n. 14, Editora UFPR.

Spiegel, Thaís et al.(2011), "Análises da Movimentação de Carga em uma Operação Portuária: Um estudo de Caso", VII Congresso Nacional de Excelência em Gestão, ISSN 1984-9354. 12 e 13 de agosto de 2011.

Vencovsky, Vitor Píres(2006), "Sistema Ferroviário e o Uso do Território Brasileiro : Uma Análise do Movimento de Produtos Agrícolas", Campinas, Dissertação de Mestrado, Unicamp.

World Bank Port Reform Tool Kit(2009), "Framework for Port Reform", Module1.

AirNow(2016), The AQI Equation, https://forum.airnowtech.org/t/the-aqi-equation/169(Search: 21.01.2021).

Bermudi, P. M. M., Lorenz, C., de Aguiar, B. S., Failla, M. A., Barrozo, L. V., & Chiaravalloti-Neto, F.(2020), "Spatiotemporal dynamic of COVID-19 mortality in the city of São Paulo, Brazil: shifting the high risk from the best to the worst socio-economic conditions", arXiv preprint arXiv: 2008.02322.8. https://doi.org/10.1016/j.tmaid.2020.101945.

Brasil(2021), https://covid.saude.gov.br/(Search: 18.01.2021).

CETESB(2019), "Qualidade Do Ar No Estado De São Paulo 2019", https://cetesb. sp.gov.br/ar/wp-content/uploads/sites/28/2020/07/Relat% C3%B3rio-de-Qualidade-do-Ar-2019.pdf(Search: 20.01. 2021).

Chiquetto, J. B., Alvim, D. S., Rozante, J. R., Faria, M., Rozante, V., & Gobo, J. P. A.(2021), "Impact of a truck Driver's strike on air pollution levels in São Paulo", *Atmospheric Environment*, 246, 118072. https://doi.org/10.1016/ j.atmosenv.2020.118072.

EPA(2012), "REVISED AIR QUALITY STANDARDS FOR PARTICLE POLLUTION AND UPDATES TO THE AIR QUALITY INDEX(AQI)", https://www.epa. gov/sites/production/files/2016-04/documents/2012_aqi_factsheet.pdf (Search: 21.01.2021).

Fattorini, D., & Regoli, F.(2020), "Role of the chronic air pollution levels in the Covid-19 outbreak risk in Italy", *Environmental Pollution*, 264, 1-5. https:// doi.org/10.1016/j.envpol.2020.114732.

Islam, M. S., Tusher, T. R., Roy, S. & Rahman, M.(2020), "Impacts of nationwide lockdown due to COVID-19 outbreak on air quality in Bangladesh: a spatiotemporal analysis. Air Quality", *Atmosphere & Health*, 1-13. https:// doi.org/10.1007/s11869-020-00940-5.

Kassai, L.(2020a), "Brazil's fuel demand surpasses 2019 levels, with more growth for 2021", *Bloomberg*.

Kassai, L.(2020b), "Brazil Is a Lone Bright Spot for Oil Demand Outside of Asia",

*Bloomberg*.

Kerimray, A., Baimatova, N., Ibragimova, O. P., Bukenov, B., Kenessov, B., Plotitsyn, P., & Karaca, F.(2020), "Assessing air quality changes in large cities during COVID-19 lockdowns: The impacts of traffic-free urban conditions in Almaty, Kazakhstan", *Science of the Total Environment*, vol. 730, 139179. https://doi.org/10.1016/j.scitotenv.2020.139179.

Nakada, L. Y. K., & Urban, R. C.(2020), "COVID-19 pandemic: Impacts on the air quality during the partial lockdown in São Paulo state, Brazil", *Science of The Total Environment*, vol. 730, 1-5. https://doi.org/10.1016/j.scitotenv.2020.139087

Sá T. H., Tainio M., Goodman A., Edwards P., Haines A., Gouveia N., Monteiro C., & Woodcock J.(2017), "Health impact modelling of different travel patterns on physical activity, air pollution and road injuries for São Paulo, Brazil", *Environ Int*, vol. 108, 22-31. DOI: 10.1016/j.envint.2017.07.009

Santana J. C. C., Miranda, A. C., Yamamura, C. L. K., de Silva Filho, S. C., Tambourgi, E. B., Ho, L. L., & Berssaneti, F. T.(2020), "Effects of air pollution on human health and costs: Current situation in Sao Paulo, Brazil", *Sustainability*, vol. 12, 4875. https://doi.org/10.3390/su12124875.

São Paulo(2021), https://covid.saude.gov.br/(Search: 18.01.2021).

Seo, J. H., Kim, J. S., Yang, J., Yun, H., Roh, M., Kim, J. W., Jeong, Y. S., Jeon, N. N., Choi, H. W., Sohn, J. S. & Jong, R.(2020a), "Changes in Air Quality during the COVID-19 Pandemic and Associated Health Benefits in Korea", *Appl. Sci.*, vol. 10, no. 23, 8720. https://doi.org/10.3390/app10238720.

Seo, J. H., Jeon, H. W., Sung, U. J. & Sohn, J. R.(2020b), "Impact of the COVID-19 Outbreak on Air Quality in Korea", *Atmosphere*, vol. 11, no. 10, 1137. https://doi.org/10.3390/atmos11101137.

TOMTOM(2021), https://www.tomtom.com/en_gb/traffic-index/sao-paulo-traffic/(Search:20.01.2021).

WHO(2013), "Health effects of particulate matter", https://www.euro.who.int/__data/assets/pdf_file/0006/189051/Health-effects-of-particulate-matter-final-Eng.pdf(Search: 20.01.2021).

Xiang, J., Austin, E., Gould, T., Larson, T., Shirai, J., Liu, Y., Marshall, J. & Seto E.(2020), "Impacts of the COVID-19 responses on traffic-related air pollution in a Northwestern US city", *Sci Total Environ*, 747. doi: 10.1016/j.scitotenv.2020.141325.

Zhu, Y., Xie, J., Huang, F., & Cao, L.(2020), "Association between short-term exposure to air pollution and COVID-19 infection: Evidence from China", *Science of The Total Environment*, vol. 727, 1-7.

## 9장 라틴아메리카 '기후 회복력' 현황과 기후 연계 공공정책

장수환(2012), 「브라질 산림 정책의 변천과 전망—경제성장과 환경의 관점에서」, 『포르투갈-브라질 연구』, 9(2), 183-207.

정경원, 하상섭, 장수환, 장유운(2019), 『브라질과 멕시코 환시장 진출 방안 연구』, KIEP.

하상섭(2013), 「21세기 라틴아메리카 환경 거버넌스 필요성과 전망」, 『트랜스라틴』, Vol. 26, 21-28.

하상섭(2016), 「라틴아메리카와 카리브해 지역의 기후변화 경제사회학: 패러독스와 도전」, 『트랜스라틴』, Vol. 34.

Amazon Fund(2008), "What is the Amazon Fund?", Retrieved 7 January 2010 from http://www.amazonfund.gov.br/

Bárcena, Alicia et al.(2014), "The Economics of Climate Change in Latin America and the Caribbean Paradoxes and challenges", Economic Commission for Latin America and the Caribbean(ECLAC), in http://www.cepal.org/en/publications/37056-economics-climate-change-latin-america-and-caribbean-paradoxes-and-challenges.

Bárcena, Alicia, Samaniego, Joseluis, Peres, Wilson & Alatorre, José Eduardo(2020), "The climate emergency in Latin America and the Caribbean: The path ahead-resignation or action?", *ECLAC*, pp. 219-312.

CAF(2014), "Vulnerability Index to Climate Change in the Latin American and Caribbean Region", Corporación Andina de Fomento CAF, in https://scioteca.caf.com/bitstream/handle/123456789/509/caf-vulnerability-index-climate-change.pdf.

Cohen, Daniel Aldana & Riofrancos, Thea(2020), "Latin America's Green New Deal", *NACLA Report on the Americas*, Vol 52, Issue 2, pp. 117-121.

IDB-ILO Report(2020), "Zero emission economy will lead to 15 million new jobs by 2030 in Latin America and Caribbean".

Läderach, P. et al.(2010), "The Socio-Economic Impact of Climate Change on Mesoamerican Coffee Production", Conference: ASIC 2010 — 23rd Interntional Conference on Coffee Science, Bali, Indonesia October 3-8, 2010At: CH-1030 Bussigny, Switzerland.

Nye, Joseph S.(2009), "Get Smart", *Foreign Affairs*, 88: 4, pp. 160-163.

Riethof, M.(2016), "Brazil and the international politics of climate change: leading by example?", in book: *Provincialising Nature: Multidisciplinary Approaches to the Politics of the Environment in Latin America*(pp. 89-114) Chapter: 5, Publisher: Institute of Latin American Studies(Editors: Michela Coletta; Malayna Raftopoulos).

## 필자 소개

### 신정환

스페인 마드리드 대학교(Complutense)에서 문학박사를 받았다. 현재 한국외국어대학교 중남미연구소장 및 스페인어통번역학과 교수로 재직하고 있다. 스페인·중남미 문학과 문화, 바로크 미학, 생태비평 등이 주요 연구 분야다. 저서로 『두 개의 스페인』, 『라틴아메리카 역사 산책』, 『라틴아메리카 환경이슈와 국제협력』(이상 공저) 등이, 역서로는 『7개의 목소리』, 『돈키호테 성찰』, 『달콤한 고통: 알폰시나 스토르니 시선집』 등이 있고, 논문으로는 "Language Ecology and Comparative Literature", 「비교문학과 아날로지」, 「『돈키호테』, 매혹과 환멸의 서사시」 등이 있다. 한국바로크학회, 한국비교문학회, 한국스페인어문학회 등의 회장을 지냈다.

### 조구호

한국외국어대학교 스페인어과를 졸업하고, 콜롬비아의 '까로 이 꾸에르보 연구소(Instituto Caro y Cuervo)'에서 문학석사학위를, '하베리아나 대학교(Pontificia Universidad Javeriana)'에서 문학박사학위를 받았다. 현재 한국외국어대학교 중남미연구소의 HK 교수로 재직하면서 중남미 문학과 문화를 연구·강의하고, 스페인어권 작품을 한국에 소개하고 있다. 그동안 『백년의 고독』, 『소금 기둥』, 『파꾼도』, 『이 세상의 왕국』, 『켈트의 꿈』, 『폐허의 형상』, 『소용돌이』, 『메소아메리카 전통의 꼬스모비시온』 시리즈(공역) 등을 번역하고, 『가르시아 마르께스의 『백년의 고독』 읽기』 등 중남미에 관한 책 몇 권을 썼다.

### 장수환

경희대학교 지리학과를 졸업하고, 서울대학교 환경대학원에서 도시계획학 박사학위를 받았다. 현재는 한국외국어대학교 중남미연구소의 HK 연구교수로 재직 중이다. 저서로는 『아바나 연대기』(단독), 『아마존의 길』, 『라틴아메리카 대기환경과 기후변화』, 『한·쿠바 기후환경협력』, 『라틴아메리카 환경 이슈와 국제협력』(이상 공저) 등이 있으며, 역서로는 『21세기 라틴아메리카 기후변화에 대한 새로운 도전』, 『글로벌이슈: 세계화의 도전과 대응』(이상 공역) 등이 있다.

### 박호진

한국외국어대학교 스페인어과를 졸업하고, 멕시코 국립대(UNAM)에서 중남미지역학으로 박사학위를 받았다. 한국외국어대학교 중남미연구소에서 「중남미 고대문명과 환경」이라는 주제로 박사 후 과정을 했으며 현재 한국외국어대학교 중남미연구소의 HK 연구교수로 안데스 민속 철학을 연구하고 있다. 『중남미 고대문명과 환경 II』(2019), 『포스트 코로나 시대의 안데스 철학』(2021) 등의 저술과 역서 『아옌데 그리고 칠레의 경험—정치라는 무기』(2020) 및 "The Origin Myth of Sun and Moon in the Andean and Korean Traditions"(*IJIH*, 2022) 등 중남미 및 안데스 지역 관련 다수의 논문을 저술했다.

### 김윤경

서울대학교 서양사학과를 졸업하고, 동 대학원에서 문학박사학위를 받았다. 현재는 한국외국어대학교 중남미연구소의 HK 연구교수로 재직 중이다. 저서로는 『다민족 다인종 국가의 역사인식』, 『여성의 삶과 문화』, 『라틴아메리카 명저 산책』(이상 공저) 등이 있으며, 역서로는 『라틴아메리카, 만들어진 대륙』, 『라틴아메리카 신좌파』, 『메소아메리카 전통의 꼬스모비시온: '우주와 신성'』, 『메소아메리카 전통의 꼬스모비시온: '신과 인간'』, 『과거는 살아 있다: 라틴아메리카 환경사』(이상 공역) 등이 있다.

### 양은미

한국외국어대학교 포르투갈어과를 졸업하고, 브라질 상파울루대학교(USP)에서 교육학박사학위를 받았다. 주한브라질문화원 부원장을 지냈으며, 현재 한국외국어대학교 중남미연구소의 HK 연구교수로 재직 중이다. 저서로는 『파울루 프레이리, 삶을 바꿔야 진짜 교육이야』, 『아마존의 길』(공저), 『라틴아메리카의 미래: 소통과 연대(하)』(공저), 『브라질: 변화하는 사회와 새로운 과제들』(엮음) 등이 있다.

## 이미정

한국외국어대학교 포르투갈어과를 졸업하고, 브라질 상파울루대학교(USP)에서 인문지리학 석사와 박사학위를 받았다. 현재는 한국외국어대학교 중남미연구소의 HK 연구교수로 재직 중이다. 저서로는 『아마존의 길』(공저)이 있으며, 역서로는 포르투갈어판 『생태로 읽는 독도 이야기』가 있다. 정부기관 간행 연구논문으로는 「경제협력국가와의 경제발전 경험 공유사업(KSP): 브라질」, 「남미인프라통합(IIRSA)의 추진 현황과 한국에 대한 시사점」, 「라틴아메리카의 부패 현황과 정책적 시사점」(이상 공저) 등이 있다.

## 장유운

한국외국어대학교 환경학과를 졸업하고, 동 대학원에서 환경학을 전공하여 이학박사 학위를 받았다. 현재는 한국외국어대학교 중남미연구소의 HK 교수로 재직 중이다. 저서로는 『한·쿠바 기후환경협력』, 『4차 산업혁명과 한·중남미 기후환경협력』, 『한·라틴아메리카 기후협력』, 『라틴아메리카의 환경과 에너지: 현재와 미래』(이상 공저) 등이 있으며, 역서로는 『유엔 하모니위드네이처 결의안 2009-2020』(공역) 등이 있다.

## 하상섭

한국외국어대학교 스페인어학과(학사), 동 대학원 중남미지역학(경제학 석사)을 졸업하고 영국 버밍엄대학에서 국제정치경제(IPE 석사), 리버풀대학에서 중남미지역학(정치사회학)을 전공해 박사학위를 받았다. 현재 한국외국어대학교 중남미연구소의 HK 연구교수로 재직 중이다. 역서로는 『현대 카리브의 삶과 문화』, 『중앙아메리카: 분열된 국가』(이상 공역) 등이 있으며, 라틴아메리카 환경 분야 관련 책으로는 『라틴아메리카 환경정의: 쟁점, 약속, 실행』, 『과거는 살아 있다: 라틴아메리카 환경사』(이상 공역) 등 다수의 라틴아메리카 환경 및 기후변화 관련 논문과 저서 활동을 하고 있다.

# 라틴아메리카 생태를 읽다

1판 1쇄 발행 2023년 2월 15일

지은이 | 신정환, 조구호, 장수환, 박호진, 김윤경, 양은미, 이미정, 장유운, 하상섭
디자인 | 김서이
펴낸이 | 조영남
펴낸곳 | 알렙

출판등록 | 2009년 11월 19일 제313-2010-132호
주소 | 경기도 고양시 일산서구 중앙로 1455 대우시티프라자 715호

전자우편 | alephbook@naver.com

전화 | 031-913-2018, 팩스 | 02-913-2019

ISBN 979-11-89333-57-7 (93950)

* 이 책은 2019년 대한민국 교육부와 한국연구재단의 지원을 받아 연구되었음
  (NRF-2019S1A6A3A02058027).